Der Rems-Murr-Kreis

Kulturdenkmale und Museen
im Rems-Murr-Kreis

Wolfgang Mayer

Kulturdenkmale und Museen im Rems-Murr-Kreis

Fotos von Ginger Neumann

Konrad Theiss Verlag Stuttgart

Verlag und Autor danken der Kreissparkasse Waiblingen, der Landesbausparkasse Württemberg, der Sparkassen-Versicherung AG und dem Rems-Murr-Kreis für die Unterstützung der Herausgabe, ohne die dieser Band mit seinen zahlreichen neuen Aufnahmen zu einem so günstigen Preis und in dieser Aufmachung nicht hätte im Buchhandel erscheinen können.

CIP-Titelaufnahme der Deutschen Bibliothek

Mayer, Wolfgang:
Kulturdenkmale und Museen im Rems-Murr-Kreis / Wolfgang Mayer. Fotos von Ginger Neumann. – Stuttgart: Theiss, 1989
ISBN 3-8062-0571-X

Umschlagfoto: Die Heinlesmühle bei Alfdorf

Gesamtherstellung: Ludwig Auer GmbH, Donauwörth
Printed in Germany
ISBN 3-8062-0571-X

GELEITWORT

Den Rems-Murr-Kreis zeichnet eine Fülle wertvoller und erhaltenswerter Fachwerkhäuser aus. 1800 sind registriert, so daß man von einem »Landkreis der Fachwerkhäuser« sprechen könnte. Das Gebiet an Rems und Murr ist altes Kulturland. Der römische Limes durchzog den Landkreis von Süden nach Norden. Die Mutter des württembergischen Herrschergeschlechts stammte aus Beutelsbach. Dort war im Stift über lange Zeit die Grablege des Hauses Württemberg. Die Markgrafen von Baden herrschten in Backnang und hatten im dortigen Stift ihre Grablege. Jeweils eine Frau aus Waiblingen, nämlich Hildegard, Gisela und Agnes, stand am Anfang so bedeutender Geschlechter wie denen der Karolinger, Salier und Staufer.
Das Backnanger Rathaus gehört zu den prächtigsten Fachwerkrathäusern Süddeutschlands. Der Schorndorfer Marktplatz zählt zu den schönsten. Er vermittelt Heimat. Die Burg Reichenberg und das Schloß Stetten, das auch Angehörigen des Hauses Württemberg als Wohnsitz diente, sind genauso erwähnenswert wie die Walterichskapelle in Murrhardt oder das Ostkastell in Welzheim. Hervorzuheben sind auch alle Bemühungen vieler Städte und Gemeinden, die Ortskerne zu erneuern und attraktiver zu machen.
Das Leben in alten Gemäuern wird wieder attraktiv, seien es renovierte Gebäude oder erneuerte Innenstadtbereiche. Deshalb möchte ich dem Konrad Theiss Verlag herzlich dafür danken, daß er mit diesem Buch die Aufmerksamkeit auf Kunst- und Baudenkmäler an Rems und Murr lenkt, auf Kirchen- und Pfarrhäuser, auf Fachwerkhäuser und Backhäuser. Wer die Zeugen seiner Vergangenheit preisgibt, gibt sich selber auf. Daneben gilt mein Dank dem Autor, Herrn Konservator Wolfgang Mayer, der kenntnisreich Entwicklungen schildert und Verborgenes sichtbar macht, aber auch der Kreissparkasse Waiblingen für die Unterstützung bei der Herausgabe dieses Bandes. Es ist ein gelungenes Werk – ich bin sicher, daß der Leser viel Freude daran haben wird.

Horst Lässing
Landrat des Rems-Murr-Kreises

INHALT

KULTURDENKMALE IM REMS-MURR-KREIS

Vor- und Frühgeschichte

Die Anwesenheit von Menschen im heutigen Kreisgebiet während der mittleren und jüngeren Altsteinzeit konnte durch Funde von Steingeräten nachgewiesen werden. Rast- und Siedlungsplätze nacheiszeitlicher Jäger (mittlere Steinzeit 8000–5000 v. Chr.) wurden in Höhlen und auf den Hochebenen des Keuperstufenrandes entdeckt (Kleinheppach, Beinstein und Endersbach).
In der Jungsteinzeit (ab 5000 v. Chr.) entstehen erste bäuerliche Siedlungsformen: Spuren jungsteinzeitlicher Ackerbauern finden sich in dem von Löß und Lößlehm bedeckten Vorland, dem heutigen westlichen Kreisgebiet (z. B. Schmidener Feld). Neueste Grabungsfunde zeigen, daß diese Region in der Jungsteinzeit schon relativ dicht besiedelt war.
Gegen Ende der Jungsteinzeit wurde zur Herstellung von Schmuck und Waffen auch Kupfer verwendet, das man bald mit Zinn zu Bronze zu legieren verstand. Funde aus Gräberfeldern der Bronzezeit (ab 1800 v. Chr.) vermitteln Einblicke in die handwerklichen und künstlerischen Fähigkeiten der damaligen Bevölkerung. Ab 1600 v. Chr. ändert sich die Bestattungssitte: Die Toten werden nun in Hügelgräbern bestattet. Die Hügelgräberbronzezeit wird durch die Urnenfelderzeit (1200–750 v. Chr.) abgelöst. Die Bestattung in Urnen auf großen Friedhöfen ist besonders gut für das Gebiet Waiblingen/Oeffingen belegt: Dort mußten bei der Erschließung neuer Baugebiete und beim Bau von Umgehungsstraßen die Befunde aus den Urnenfeldern durch Notgrabungen dokumentiert werden.
Aus der Urnenfelderkultur gingen die Kelten hervor: Südwestdeutschland gilt als eines der Kerngebiete ihrer Kultur. Nicht nur der Keltenfürst von Hochdorf mit seinen spektakulären Grabbeigaben hat die Kelten des südwestdeutschen Raums in den letzten Jahren in den Brennpunkt des Interesses gerückt – auch die geschnitzten Holzfigu-

ren aus der »Viereckschanze« von Fellbach-Schmiden (1. Jh. v. Chr.) zählen zu den herausragenden keltischen Kunstwerken der Spätlatènezeit.
Am Ende des 1. Jh. n. Chr. drangen die Römer in das waldreiche Gebiet des Rems-Murr-Kreises ein. Bedeutendstes Zeugnis der römischen Herrschaft ist der im 2. Jh. angelegte obergermanische Limes, der den östlichen Teil des Kreises durchzieht (→ Limeswanderweg). Als strategisch wichtige Anlage wurde das Kastell der 24. Kohorte in Murrhardt erbaut. Es befand sich im Südosten der Altstadt, ein Heiligtum wird im Bereich der Walterichskirche vermutet (Grabungsfunde im Carl-Schweizer-Museum).
Das Ostkastell in Welzheim wurde nach archäologischen Grabungen in seinen Umrissen konserviert, das Westtor rekonstruiert. Die Versorgung der römischen Militäranlagen sicherten Gutshöfe, die im heutigen Kreisgebiet mehrfach nachgewiesen werden konnten. Sie lagen meist unweit der wichtigen römischen Straße Cannstatt–Aalen, die durch das Remstal führte, und der Straße Benningen–Murrhardt. Solche sog. »Villae rusticae« gab es u. a.in Burgstall, Erbstetten, Fellbach, Hegnach, Kirchberg, Leutenbach, Oeffingen, Rommelshausen, Waiblingen und Weiler zum Stein.
Mit dem Eindringen der Alamannen von Norden und Osten her nimmt um 260 n. Chr. die römische Herrschaft in Südwestdeutschland ihr Ende. Nach einer Welle der Zerstörung römischer Anlagen gründen die Alamannen im 5. Jh. ihre ersten Siedlungen – die Keimzellen unserer heutigen Dörfer. Archäologische Belege für diese Siedlungen sind meist Friedhöfe, so in Waiblingen, Oeffingen, Beutelsbach, Rommelshausen, Endersbach, Schorndorf, Welzheim und Alfdorf.
Größtes alamannisches Gräberfeld – ein Hinweis schon auf die spätere Bedeutung des Ortes – sind die fünf Friedhöfe in Waiblingen. Der alamannische Herzogssitz wurde Pfalzort der Karolinger, gelangte schließlich in salischen und dann in staufischen Besitz und wurde zur Feste gegen die Welfen ausgebaut.

Die Herrschaft Württemberg

Die Erlangung der deutschen Königswürde durch den Staufer Konrad III. 1138 brachte den Osten des heutigen Kreisgebiets zunehmend unter staufischen Einfluß. Welzheim und das von der Burg Waldenstein beherrschte Wieslauftal waren die Zentren. Als Anhänger der Staufer galten die Herren von Winnenden und deren Erben, die Herren von Neuffen. Die Grafen von Württemberg, in Beutelsbach zunächst noch staufisch gesinnt, verstanden es, schon vor dem Erlöschen des staufischen Herrscherhauses Besitz im Remstal an sich zu bringen. Mit der Übernahme der Stadt Backnang und der Vogtei über das Stift um 1300 und dem Kauf der den Herren von Neuffen gehörenden Herrschaft Winnenden durch Ulrich III. (1325) erlangte das Haus Württemberg endgültig die Herrschaft im heutigen Kreisgebiet. 1362 fiel dem Grafenhaus die Schirmherrschaft über das einflußreiche Kloster Adelberg zu.

Das Kreisgebiet war zu altwürttembergischer Zeit in die Ämter bzw. Oberämter Waiblingen, Schorndorf, Winnenden und Cannstatt und, nach der Reformation, in die Klosterämter Adelberg und Lorch aufgeteilt. Spätere Erwerbungen, wie das 1732 württembergisch gewordene Welzheim oder das 1664/66 von den Thumb von Neuburg erworbene Stetten und die 1665 aufgekaufte Deutschordenskommende Winnental, wurden der Kammerschreiberei unterstellt. Oeffingen, das bis 1803 dem Domkapitel Augsburg gehörte, gelangte erst 1810 über Bayern an Württemberg.

Nach der Gründung des Königreichs Württemberg kam es 1806–1810 zu einer Neuorganisation der Verwaltung. Die Klosterämter wurden aufgelöst, das Oberamt Winnenden wurde dem Waiblinger Oberamt eingegliedert. Bis zur Auflösung des Oberamtes Cannstatt im Jahr 1923 wurden Teile des südwestlichen Kreisgebiets von Cannstatt verwaltet.

Aus den Ämtern und Oberämtern Waiblingen, Schorndorf und Welzheim entstand bei der Verwaltungsreform 1938 der Kreis Waiblingen, aus Backnang mit Marbach und Gaildorf wurde der Kreis Backnang gebildet; 1973 wurden die beiden Kreise zum Rems-Murr-Kreis zusammengefaßt.

Geistlicher Besitz

Die wenigen geistlichen Stiftungen des Kreisgebiets, wie das (1321 nach Stuttgart verlegte) Chorherrenstift Beutelsbach oder die Kommende des Deutschen Ordens in Winnenden, waren – im Vergleich mit den Besitztümern auswärtiger Domkapitel, Stifte und Klöster – unbedeutend. Das Kloster Adelberg hatte große Ländereien im Schurwald, im Welzheimer Wald, den Berglen und im Wieslauftal (Steinenberg). Kloster Lorch besaß Weiler und Höfe im östlichen Kreisgebiet (Kaisersbach), während das Stift Backnang seinen Besitz zumeist an der nördlichen und nordwestlichen Kreisgrenze hatte (Schwaikheim). Darüber hinaus hatten die Klöster Bebenhausen, Blaubeuren, Denkendorf, Steinheim und Weiler bei Esslingen Güter im Kreisgebiet. In der Reformation fiel der Besitz aller dieser unter württembergischer Schirmherrschaft stehenden Stifte und Klöster an

das Herzogtum Württemberg, das sein Kirchengut bis zum Jahr 1806 einer gesonderten Verwaltung unterstellte.
Eine Besonderheit stellte Oeffingen dar, das von 1618 bis zur Säkularisation 1803 dem Domkapitel Augsburg gehörte.

Klöster

Die Diözesen Augsburg, Konstanz, Speyer und Würzburg bestimmten die Kirchengeschichte des Kreises. Eine pfarrkirchliche Entwicklung geht von den Urkirchen Waiblingen (Michaelskirche), Buoch, Winterbach, Backnang und Murrhardt aus.
Vom ehem. Benediktinerkloster Murrhardt, das in karolingischer Zeit gegründet wurde, haben sich die Kirche, das ehem. Refektorium und die Alte Abtei erhalten. Die 1220/30 erbaute Walterichskapelle mit ihrer dekorativen Bauplastik ist ein Kleinod der Spätromanik in Baden-Württemberg. In Backnang steht vom 1116 gegründeten Augustinerchorherrenstift noch der Stiftshof, dessen Zentrum die ehem. Stiftskirche St. Pankratius ist. Von der Stiftskirche Beutelsbach sind Teile der spätromanischen Bauplastik in den Turm- und Schiffmauern des spätgotischen Neubaus verbaut.
Eremitenklöster gab es auf dem Engelberg bei Winterbach und in Gundelsbach, doch sind sie baulich nicht mehr nachzuweisen. Die »Nonnenklöster«, die für Waiblingen, Schorndorf und Winnenden überliefert sind, haben sicherlich nur aus einfachen Häusern mit Kapellenräumen bestanden.
In Oeffingen, einer Enklave des Domkapitels Augsburg, wurde im späten 18. Jh. ein Franziskanerhospiz errichtet, das jedoch nur kurze Zeit belegt war.

Kirchen

Zu den ältesten Kirchen des Kreisgebiets gehören die Backnanger ehem. Michaelskirche (»Stadtturm«), die 1222 begonnen wurde, jedoch im 13. Jh. durch einen Neubau ersetzt wurde, die ev. Stadtkirche und die Walterichskirche in Murrhardt sowie die Kirchen in Schmiden, Weiler zum Stein und Haubersbronn. Die ev. Pfarrkirche in Schmiden besitzt noch die Klangarkaden des Turmstocks aus dem 12. Jh. In der ev. Pfarrkirche von Weiler zum Stein sind romanische Bauteile in der Südwand verbaut. An der südlichen Außenwand der ev. Pfarrkirche in Haubersbronn ist ein spätromanisches Tympanon erhalten.
In der frühen Gotik (13. Jh.) setzte sich im heutigen Kreisgebiet die Chorturmkirche durch, deren Turm sich über dem Chor erhebt. Diese

Lösung legte den Ausbau zur Wehrkirche nahe, wie sie noch bei der Chorturmkirche in Großheppach, von der Teile der Ringmauer erhalten sind, und der Chorturmkirche in Winterbach mit Fensterschlitzen im Schiff erkennbar ist. Eine ähnliche Wehrkirchenanlage dürfte vermutlich auch Buoch gehabt haben. Chortürme des 14. Jh. sind in Bittenfeld, Rommelshausen, Unterweissach und Oeffingen erhalten.
In der Spätgotik setzte sich bei Neubauten die Westturmkirche und die Chorseitenkirche durch. Westturmkirchen sind die Kirchen in Oppelsbohm, Alfdorf, Beinstein und Weiler. Die Beutelsbacher Kirche wurde als Wehrkirche erbaut, von der noch Wehrmauer und Turm erhalten sind. Die Kirchen in Sulzbach und Fellbach waren ebenfalls Wehrkirchen, wobei die Fellbacher Anlage als Wehrkirchhof in der Form eines Kastells ausgebaut wurde. Der in die Wehrmauer einbezogene Kirchturm enthielt Schießkammern.
Als Chorseitenturmkirchen wurden die Kirchen in Grunbach, Urbach, Haubersbronn, Oppenweiler, Rudersberg und Welzheim errichtet. Die Kirche in Grunbach wurde als Wehrkirche mit Ringmauer ausgebaut. Spätgotische Neubauten sind auch die Waiblinger Stadtkirche (Nikolauskirche) und die Winnender Stadtkirche, deren Turm auf das Steinhaus des Deutschen Ordens zurückgeht.
Wegen des Bevölkerungszuwachses im 15. Jh. wurden nicht nur Neubauten geschaffen, sondern auch die vorhandenen Turmchorkirchen wurden durch Schiffsneubauten erweitert. Beispiele finden wir in Geradstetten, Strümpfelbach und Schwaikheim.
Bei allen Innenräumen der mittelalterlichen Kirchen entsprach der Chor dem Altarraum. In der Spätgotik wurden in die bei der Kirchenerweiterung übernommenen Turmchöre meist größere Südfenster eingebaut, um die Hochaltäre besser zu belichten. Der Chorraum besaß bis zum 15. Jh. ein Kreuzrippengewölbe, das dann durch ein Stern- oder Netzrippengewölbe abgelöst wurde.
Originale Bretterdecken, wie sie vermutlich in den Schiffen der gotischen Kirchen vorhanden waren, finden wir im Kreisgebiet nicht mehr. Sie wurden im 17./18. Jh. durch Täferdecken oder auch – ab dem 18. Jh. – durch Gipsdecken ersetzt. Das 19. Jh. hat dann mit der Rückbesinnung auf die Romanik und die Gotik wieder bemalte Bretterdecken eingebracht.
In der nachreformatorischen Zeit war der gesamte Kirchenbau im Kreisgebiet – ob Umbau oder Neubau – von der entscheidenden Veränderung der Liturgie geprägt: der Predigt von der Kanzel, die nun dem Altar und dem Taufstein übergeordnet war. Aus den spätgotischen Kirchenräumen wurden Emporensäle gemacht. Hierzu hat man die Altäre bis auf einen abgebrochen und eine Kanzel am Chorbogen oder an der Schiffswand eingebaut. Die Emporen, die als

»Erweiterungen« der Kirchen zu sehen sind, wurden auf die Kanzel ausgerichtet. Der Zugang zur Empore erfolgte häufig von außen, wie es an der Winterbacher Kirche noch zu sehen ist. Mit Emporen vollgestellt wurden die Murrhardter Stadtkirche und die Schloßkirche in Winnenden. Nach dem Stadtbrand von 1726 wurde die Welzheimer Pfarrkirche zu einer Quersaalkirche umgebaut. Ein Stadtbrand zerstörte 1693 auch die Backnanger Stiftskirche, eine romanische Basilika, die beim Wiederaufbau einen Emporensaal bekam. Als Emporensäle wurden die Schiffe der Kirchen in Fellbach, Rudersberg, Kleinaspach, Großaspach, Plüderhausen und Korb neu erbaut. Nach dem Vorbild der Stettener Kirche von 1698 wurden die Schiffe der Kirchen in Schnait (1747) und Sulzbach (1753) als Predigtsaalkirchen neu errichtet, während in Alfdorf der Gmünder Barockbaumeister Johann Michael Keller 1774–1776 eine Quersaalkirche schuf.
Außer den Kirchenneubauten des 19. Jh. in historisierendem Stil (Kaisersbach, Lippoldsweiler) oder im sog. Kameralamtsstil (Spiegelberg, Grab, Großerlach, Althütte) gab es zu dieser Zeit auch zahlreiche Neugestaltungen von Innenräumen. Hervorzuheben sind die Erneuerungen der Waiblinger Michaelskirche und der Winnender Schloßkirche durch Christian Friedrich Leins und die von seinem Schüler Heinrich Dolmetsch umgestalteten Kirchenräume (z. B. Schorndorf, Stadtkirche).
Der Jugendstil ist in der Kirchenarchitektur des heutigen Kreisgebiets kaum vertreten – er findet sich nur am Westvorbau der Urbacher Kirche von Martin Elsässer (1909) und der Höfener Kirche (1912).
Als bedeutendster expressionistischer Kirchenbau der Region kann die Pauluskirche in Fellbach bezeichnet werden, die 1926/27 von Wilhelm Jost errichtet wurde. Unter den Kirchenbauten der Nachkriegszeit ist die Kirche Maria Regina in Fellbach hervorzuheben, die 1968 von Architekt Franz gebaut wurde.

Burgen und Schlösser

Wenn man auf alten Karten die wichtigen Handelsstraßen des heutigen Kreisgebiets verfolgt – Waiblingen, Schorndorf, Schwäbisch Gmünd; Waiblingen, Winnenden, Backnang, Schwäbisch Hall –, so erkennt man die strategische Bedeutung der frühmittelalterlichen Burgen als »Schutzburgen«, die es in Kleinheppach, Winterbach und Schnait gegeben hat. In der Typologie der Burganlagen werden diese Burgen des niederen Adels als Turmhügelburgen bezeichnet. Von den Stammsitzen des Adels, den sog. Dynastieburgen, sind im Kreis die Burgen Reichenberg, Ebersberg und Waldenstein erhalten.
Besterhaltenes Beispiel ist die Burg Reichenberg, die als Ringgaden-

anlage mit verstärkter Angriffsseite und Bergfried 1225/30 von dem Markgrafen von Baden erbaut wurde.

Von der 1170 erbauten Burg Bürg steht noch einer der Flankentürme, der weit über die Winnender Bucht hinaus zu sehen ist. Unter Herzog Ulrich wurden im 16. Jh. große Teile der Burganlage für den Bau der Festung Schorndorf abgetragen.

Außer den Württembergern, deren Einfluß im heutigen Kreisgebiet schon in spätstaufischer Zeit zunahm, gab es im Mittelalter nur wenige Adelsgeschlechter von Bedeutung in der Region. Es gelang auch nur wenigen staufischen Ministerialenfamilien, aus dem Lehen eine Herrschaft von Dauer zu schaffen. Die heutige Ruine Yburg in Stetten geht in diese Zeit des Umbruchs zurück. Sie wurde im 14. Jh. als Steinhaus der Herren von Yberg erbaut. Ein Steinhaus war auch der erste Bau des Deutschen Ordens in Winnenden (vermutlich im Chorturm der Winnender Stadtkirche), ebenso das Waiblinger Schloß, das beim Stadtbrand 1634 zerstört wurde.

Eine Anzahl von Adelssitzen des 16. Jh., meist württembergischer Lehensleute, sind als sog. »Schlößle« heute noch in vielen Ortschaften zu erkennen. Schon als »Schloß« zu bezeichnen ist das gräflich-löwensteinische Schloß in Sulzbach, das, mit einem Wassergraben umgeben, im 16. Jh. erbaut wurde.

In die Reihe der noch erhaltenen Schlösser des Kreises, die als offene Gebäudegruppe mit Hofmauer im 16./17. Jh. erbaut wurden, zählen die Schlösser in Großheppach, Urbach, Schnait und Alfdorf. Das Schorndorfer Schloß wurde 1536 als Vierflügelanlage erbaut und war Teil der Festung Schorndorf, hatte aber auch herrschaftliche Wohnräume. Schloß Winnenden war zunächst Residenz der Deutschordenskommende Winnenden, ehe es 1665 an Württemberg verkauft wurde und der Seitenlinie Württemberg-Winnenden als Apanagenschloß diente.

In Stetten, unterhalb der Yburg, bauten die Truchsessen von Stetten 1384–1387 das »Schloß im Tal«. Es handelte sich um zwei Steinhäuser mit Stallungen und Scheunen. Im 16. Jh. ließen die Herren Thumb von Neuburg das Schloß ausbauen. 1672 wird die Schloßanlage im Stil der Renaissance umgebaut und 1745 zu einer Ehrenhofanlage mit Park ausgebaut.

Unter dem stilistischen Einfluß englischer Gartenarchitektur muß das 1783 erbaute Wasserschloß der Herren von Sturmfeder in Oppenweiler gesehen werden, das im Kreis keinen Vergleich hat.

Der Fachwerkbau

Die historische Hauslandschaft des Rems-Murr-Kreises wird von der Fachwerkbauweise bestimmt. Die ältesten erhaltenen Beispiele, soweit bekannt, reichen bis ins 15. Jh. zurück. Ständerbauten, auch Firstständerhäuser oder Säulenbauten genannt, sind im Kreis bisher nicht als vollständige Konstruktion gefunden worden, doch gibt es einzelne erhaltene Bauteile (z. B. Geradstetten, Gaisgasse 6). Bei dieser Bautechnik gingen die Ständer vom Boden bis zur Dachtraufe oder zum First durch, die Säulen waren meist in großen Abständen voneinander gesetzt. Da diese Konstruktionstechnik bei Mehrgeschossigkeit eine variable Grundrißgestaltung kaum zuließ, entwikkelte sich die Bautechnik im 15. Jh. schnell zum Stockwerksbau weiter, bei dem jedes Stockwerk einzeln abgezimmert wurde. Erkennungsmerkmale nach außen sind die Stockwerksvorstöße mit den vom Rähm getragenen Deckenbalken, den darüberliegenden Fußbodenbrettern und der dann folgenden Schwelle des nächsten Stockwerks. Diese Bauweise bot in der Grundrißaufteilung mehr Freiheiten, die an der Vielfalt der sichtbaren Fachwerkkonstruktionen ablesbar sind. Darüber hinaus ergaben sich durch den Geschoßvorsprung zusätzliche Wohnflächen und Abtropfkanten an den empfindlichen Giebelfassaden.

Fachwerk im 15. Jh.

Von den im 15. Jh. gebauten gotischen Stockwerksbauten ist im ganzen Kreisgebiet nur ein kleiner, aber repräsentativer Bestand erhalten (Steinenberg, Pfarrhaus; Urbach, Zehntscheuer). Die Holzverbindungen wurden in der sog. Überblattungstechnik ausgeführt. Die zur Aussteifung notwendigen Kopf- und Fußbänder wurden zumeist kunstvoll ausgearbeitet, dann in die an der Schwelle, dem Pfosten und Rähm ausgearbeiteten Blattsassen eingesetzt und mit Holznägeln fixiert.
Durch intensive Gefügeforschung in den vergangenen Jahren hat man Aufschlüsse über die Grundrißeinteilung dieser gotischen, heute meist im Inneren stark umgebauten Häuser erhalten. Einige Gebäude haben noch die originale Bohlenstube (Wohnstube mit Bohlenwänden und einer Bohlen-Balken-Decke). Auch die historische Farbigkeit dieser Häuser, meist in Rot, Grau oder Gelb gehalten, konnte durch restauratorische Untersuchungen nachgewiesen und vereinzelt rekonstruiert werden.

1 Rudersberg. Marktplatz mit Rathaus, Pfarrhaus und alter Schule

Fachwerk im 16. Jh.

Die württembergische Bauordnung von 1568, die die Überblattechnik verbot, weil sie das Fachwerk schwächte, und die Verzapfung vorschrieb, führte zu einem Wandel in der Fachwerklandschaft Württembergs, obwohl sich eine Mischkonstruktion von Verzapfung und Überblattung noch vereinzelt bis ins 17. Jh. erhielt.
Die erhaltenen Fachwerkgebäude des ausgehenden 16. Jh. zeigen reiche Zierformen (Strümpfelbach, Rathaus). In die Schwellen schnitzte man sog. Kielbögen oder Eselsrücken, die Eckaussteifungen wurden reich ornamentiert, und die Eckpfosten erhielten ein reich gestaltetes Schnitzwerk. Die Ausfachungen waren oft mit Bandelierungsmalereien geschmückt.

2 *Weinstadt-Strümpfelbach. Rathaus, 1591*

Fachwerk im 17. Jh.

Fachwerkbauten des 17. Jh. finden sich im Kreisgebiet noch in großer Zahl, da nach den oftmals verheerenden Stadtbränden eine rege Bautätigkeit einsetzte. Ihr Erscheinungsbild ist fast ausnahmslos durch reiches Zierfachwerk und Schnitzwerk an den Pfosten geprägt. In den wohlhabenden Weinbaugebieten konnte man es sich leisten, die vorgeschriebene Einheitlichkeit der Konstruktionsprinzipien durch Schnitzwerk und Ornamente aufzuwerten. Als einen Höhepunkt in der Ausgestaltung barocken Sichtfachwerks kann die Palm'sche Apotheke in Schorndorf (1665 bzw. 1696) bezeichnet werden, die heute im Innern leider eine Betonkonstruktion aufweist.
In Städten wie z. B. Waiblingen ist in jüngster Zeit an vielen Gebäuden des 17. Jh. das Fachwerk in seiner ursprünglichen Farbigkeit rekonstruiert worden. Die Gebäude besitzen zum Teil noch die originalen Innenausmalungen der Stuben und Flure (Waiblingen, Kurze Str. 11; Schorndorf, Kirchplatz 3).

Fachwerk im 18. Jh.

Im 18. Jh. verlieren sich die Zierformen des Fachwerks, wie man bei den Häusern in Welzheim und Murrhardt sehen kann, die nach den Stadtbränden von 1726 bzw. 1765 errichtet wurden. Die reichlich dimensionierten Fachwerkkonstruktionen werden auf dem Land noch weiter beibehalten, während in den Städten die Hölzer auf das konstruktiv Notwendige reduziert werden. Wegen der dadurch entstandenen starken vertikalen Strukturierung drängte es sich auf, die Fenster in eine regelmäßige Reihung zu bringen. Die Häuser wurden »introvertiert«, d. h. die Grundrisse sind nach außen nicht mehr ablesbar. Eine Regelmäßigkeit, ja Gesetzmäßigkeit nimmt dem Fachwerkbau die Formenvielfalt des Mittelalters.
1758 verlangte die württembergische Bauordnung zum Schutz vor großen Stadtbränden das Verputzen der Fachwerkbauten. Es wurden nicht nur die neu erbauten Fachwerkhäuser verputzt – oft, entsprechend der barocken Architekturauffassung mit reicher Ornamentik versehen –, sondern auch die älteren Fachwerkhäuser. Dies geschah zumeist auch im Sinne »modernen Städtebaus«, der eine Einheitlichkeit des Straßenbildes bevorzugte. Wer es sich leisten konnte, baute sein Haus in Stein (Winnenden, Marktstr. 24, 42), man scheute aber auch nicht davor zurück, auf den Putz eine Steinfassade aufzumalen (Waiblingen, Kurze Straße 27).

3 Schorndorf. Die Palm'sche Apotheke, 17. Jh.

Fachwerk im 19. Jh.

Der verputzte Fachwerkbau des 19. Jh. wurde im Stil des Klassizismus und des Biedermeier erbaut. Die Geschoßvorsprünge sind ganz verschwunden, und steinerne Fensterbänke sollen einen Steinbau andeuten.
Durch den Bau der Eisenbahnlinien Stuttgart–Aalen (1861) und Waiblingen–Backnang (1876) und den Bau der Haltestationen und Bahnhöfe wurden neue Stadtentwicklungen vorbereitet, die von der

Architekturform des Historismus geprägt sind. Auch die Villenbauten der Gründerzeit, wie wir sie noch an manchen Stadträndern finden, sind von diesem Stil geprägt.
Mit der Wiederbelebung des Sichtfachwerkbaus in der zweiten Hälfte des 19. Jh. (ein Programm der Gründerzeit im Sinne von Material- und Werkgerechtigkeit) wurden die Altstädte vereinzelt wieder mit Fachwerkbauten durchsetzt, wenngleich zusammenhängende Straßenfassaden nur an den Stadtrandgebieten überliefert sind (z. B. Bahnhofstraßen). Bei den Konstruktionen, die mit schlanken Hölzern ausgeführt sind, werden altdeutsche Fachwerkformen – oft durch Schnitzwerk hervorgehoben – zu Backsteinausriegelungen gesetzt. Formen des Jugendstils fließen in die Fachwerkkonstruktionen mit ein.

Fachwerk im 20. Jh.

Im Hausbau kommt der Fachwerkbau Anfang des 20. Jh. zum Erliegen. Der Massivbau setzt sich durch und erfährt durch bautechnische und bauphysikalische Weiterentwicklung einen Aufschwung. Nur in den neu ausgewiesenen, einer villenähnlichen Bebauung entsprechenden Neubaugebieten der Stadtränder ist der Fachwerkbau noch vorhanden (»Schweizer Landhausstil«).
Die heute in großer Zahl freigelegten Fachwerkbauten der historischen Altstädte sind das Ergebnis einer Neuentdeckung der Ortskerne in den siebziger und achtziger Jahren. In Schorndorf wurden erste großflächig angelegte Fachwerkfreilegungen allerdings schon in den zwanziger Jahren unseres Jahrhunderts durchgeführt. Leider hat man in der Euphorie der Freilegungswelle oft nicht bedacht, daß bei vielen früheren Sichtfachwerken mit der Überputzung im 18./19. Jh. auch starke Eingriffe in das Fachwerk verbunden waren. Durch das Abschlagen des Putzes hat man nun einen Zustand hergestellt, den es so nie gab und der uns heute oftmals einen falschen Eindruck der historischen Städte gibt.
Bei den in den letzten Jahren durchgeführten Freilegungen hat man durch intensive restauratorische Betreuung viele Dokumente einer historischen Farbigkeit wiederentdeckt, die uns ein Bild von der Farbigkeit historischer Städte vermitteln (Waiblingen). Neben der Farbskala Grau, Rot, Ocker sind vor allem die teilweise noch erhaltenen Ausmalungen der Gefache bemerkenswert, die oftmals ein Hinweis auf die gesellschaftliche Stellung des Eigentümers sind.

Hausformen

Im Schwäbischen Wald und im Schurwald sind hauptsächlich zwei Hausformen vertreten – der Hakenhof und das Einhaus. Beim Einhaus sind Wohn- und Wirtschaftsräume (Stall und Scheuer) unter einem Dach vereint, wobei man in der Typologie noch zwischen gestelztem Quereinhaus und gestelztem Einhaus unterscheidet. Das Quereinhaus hat ein steinernes Erdgeschoß, auf das ein Fachwerkobergeschoß mit meist verbrettertem Giebel aufgesetzt ist. Etwas abseits steht häufig das Backhaus.
Beim gestelztem Einhaus sind Wohn- und Wirtschaftsteil ebenfalls unter einem Dach vereint. Der Stall liegt im massiven Erdgeschoß, der Wohnteil im darüberliegenden Fachwerkgeschoß.
Das Weingärtnerhaus stellt eine Sonderform unter den Fachwerkbauernhäusern dar. Der für die Lagerung von Wein notwendige Gewölbekeller, der sich oft über die ganze Haustiefe erstreckt, ist nach außen hin an dem rund- oder segmentbogigen Kellertor zu erkennen, das meist in einen Steinsockel oder in ein massives Kellergeschoß eingebunden ist. Von der Kellertreppe führt häufig eine innere, kleinere Steintreppe in den Treppenflur, um den Weg vom Haus in den Keller abzukürzen. Über dem massiven Kellergeschoß sind ein oder zwei Fachwerkstockwerke für die Wohnräume aufgesetzt, die meist über eine an der Traufseite liegende Freitreppe zu erreichen sind. Unter dem hohen Satteldach waren Speicher für das Korn untergebracht.
Im 18. und 19. Jh. hat man sich den veränderten Wirtschaftsverhältnissen angepaßt und die Höfe durch Stall- und Scheunenbauten erweitert, die man für eine gemischte Wirtschaftsform brauchte.
In den Städten entstand aus dem Typ des Einhauses das Ackerbürgerhaus, ein giebelständiges und giebelseitig erschlossenes Fachwerkhaus, das Wohn- und Ökonomieräume unter einem Dach vereinigte. Es war ein den städtischen Verhältnissen angepaßtes Bauernhaus, in dem der ackerbautreibende Bürger der Stadt wohnte. Durch die giebelseitige Erschließung entstand eine Höhendifferenz zwischen Tenne und Stallung (Wirtschaftsräumen), die durch ein Halb- oder Zwischengeschoß ausgeglichen wurde, das der Lagerung, handwerklichen Zwecken oder z. T. auch Wohnzwecken diente. Im Obergeschoß befand sich der Wohnteil. Gut erhaltene Beispiele des Ackerbürgerhauses sind noch in Schorndorf zu finden (z. B. Hetzelgasse 6). Aus dem Aufriß des Ackerbürgerhauses läßt sich auch der Typ des Handwerker- und Bürgerhauses herleiten, der in den Städten ebenfalls zu finden ist.

4 *Schorndorf. Das Ackerbürgerhaus Hetzelgasse 6 von 1717*

Pfarrhäuser

Das älteste Pfarrhaus im Kreis, vermutlich auch eines der ältesten Pfarrhäuser in Württemberg, ist das Pfarrhaus in Rudersberg-Steinenberg, das 1461 errichtet wurde. Es ist ein für Pfarrhäuser untypischer Winkelbau, dessen Stattlichkeit die Bedeutung der damaligen Pfarrei Steinenberg bezeugt, die dem Kloster Adelberg angehörte.
Nach der Reformation ab 1534 in Württemberg (1548–1552 unterbrochen durch das Interim) wurden zahlreiche Pfarrhäuser gebaut, die zusammen mit den Pfarrscheuern einen Pfarrhof bildeten. Noch erhaltene Beispiele im Kreisgebiet finden wir u. a. in Schorndorf-Haubersbronn und Aspach-Großaspach.
Die meisten Pfarrhäuser des Kreises stammen aus der Barockzeit. Sie haben meist einen massiven Sockel mit Kellerabgang, der vereinzelt noch aus der Zeit vor dem Dreißigjährigen Krieg stammt. Das darüberliegende Fachwerkgeschoß, das oft mit einem Krüppelwalm versehen ist, hat häufig ein reichverziertes Fachwerk (Aspach-Großaspach) mit großflächigen Fenstern, durch die viel Licht in die Räume flutete.
Die Pfarrhäuser des 19. Jh. sind – wie die Kirchen dieser Zeit – vom sog. Kameralamtsstil geprägt; Beispiele finden sich in Großerlach und Großerlach-Grab.

Keltern und Zehntscheuern

Die im gesamten Kreisgebiet noch erhaltenen Keltern erinnern an die frühe Weinbaulandschaft, die weit größere Flächen einnahm als der heutige Weinbau. Aufgelassene Weinbauterrassen, überwachsen mit Obstbaumwiesen, sind u. a. noch im Wieslauftal anzutreffen. Als älteste Kelter gilt bisher die Schornbacher Kelter aus der Mitte des 16. Jh. Sie wie auch die große Zahl der erhaltenen Keltern, die bis ins 18. Jh. hinein erbaut wurden, beeindrucken durch die hohe Zimmermannskunst der Dachkonstruktionen, die für einen möglichst stützenfreien Kelterraum frei überspannt oder aufgehängt wurden. Diese Spreng- und Hängewerke dienen auch heute noch Ingenieurstudenten als Anschauungsbeispiele. Als letzte große Kelter dieser Art wurde 1906 die Kelter in Fellbach gebaut.
Die einzige noch mit der gesamten Innenausstattung erhaltene Kelter ist die Kleinaspacher Kelter von 1793/94. Sie ist eines der wichtigsten frühen Technikdenkmale im Kreis.
In wenigen alten Ortskernen hat sich neben dem Pfarrhof die Zehntscheuer erhalten. In Urbach und Bittenfeld stammen die erhaltenen Beispiele noch aus der spätmittelalterlichen Fachwerkbauphase des

5 Schorndorf-Haubersbronn. Das Pfarrhaus, 1712, und die spätgotische ev. Pfarrkirche, 1470/80

15. Jh. Die Zehntscheuern in Fellbach (1589) und Kirchberg (1752) wurden als Steinbauten mit Satteldach errichtet.

Mühlen

Der Landkreis hat in Zusammenarbeit mit den Eigentümern zehn Mühlen des Welzheimer Waldes restauriert, so daß heute im Rems-Murr-Kreis eine Mühlenlandschaft erwandert werden kann, die in ihrer Vielfalt einmalig für die Region ist (→ Mühlenwanderweg).
Die im Tal der Schwarzen Rot rekonstruierte Vaihinghofmühle (Hummelgautsche) zeigt die ursprünglichen Funktionen einer Sägmühle, wie sie im Schwäbischen Wald weit verbreitet war. Als Mahl-

6 Aspach-Kleinaspach. Die Kelter von 1793/94

und Sägmühle mit zwei Wasserrädern für die voneinander getrennten Funktionen ist die Heinlesmühle noch in Betrieb. Die Meuschenmühle, ehem. Mahl- und Sägmühle, besitzt noch eine alte Mahlstube mit Mahlanlage aus dem 19. Jh. Das große, hölzerne Wasserrad wurde in den letzten Jahren erneuert.

Von den großen Mühlen des Remstals sind nur noch wenige Baulichkeiten erhalten. Heute sind in die Häckermühle von Großheppach viele Wohnungen eingebaut, was an der großen Zahl von Dachgauben unschwer zu erkennen ist. Der reichverzierte Giebel erinnert an den Wohlstand des Bauherrn.

FÜHRER ZU DEN KULTURHISTORISCHEN SEHENSWÜRDIGKEITEN

ALFDORF

Das zwischen Schwäbisch Gmünd und Welzheim gelegene Straßendorf wird bestimmt durch seine beiden Schlösser, das Obere Schloß und das Untere Schloß, sowie die dazwischenliegende Kirche. 1143 erstmals erwähnt, gehört Alfdorf im 14. Jh. zu zwei Dritteln den Herren von Rechberg und zu einem Drittel den Grafen von Württemberg. 1628 erwirbt Georg Friedrich vom Holtz das alte Schloß (Unteres Schloß), das noch heute im Besitz dieser Familie ist. Das Obere Schloß wurde von den Freiherren vom Holtz an die Gemeinde verkauft und dient, nach einem Umbau, heute als Rathaus.
Schon im 13. Jh. wird in Alfdorf eine Kapelle erwähnt. Die *ev. Pfarrkirche St. Stephanus* wurde 1774–1776 von dem Gmünder Barockbaumeister Johann Michael Keller als Quersaalkirche erbaut, wobei Kanzel und Altar in eine Nische, am Schiff an der Nordwand als Ausbuchtung sichtbar, gesetzt wurden. Von der spätgotischen Chorturmkirche blieb der Turmstock erhalten. Aufgesetzt wurde eine Glockenstube in Achteckform. Das Innere der Kirche wird geprägt von Kanzel und Altar auf der Nordseite des Schiffs und der Herrschaftsloge auf der Südseite. Die gesamte Decke ist ausstuckiert, doch sind die umrahmenden Felder nicht ausgemalt. Kanzel, Altar und Taufstein stammen von 1776; das 1687 geschaffene Altarkreuz wird dem Hofbildhauer Benjamin Grünewald zugeschrieben. Im Kircheninnern befinden sich Grabmale der Freiherren vom Holtz. Südwestlich der Kirche, an der Kirchhofmauer, wurde 1777 das *Pfarrhaus* erbaut, zu dem ursprünglich noch Pfarrscheuer sowie Wasch- und Backhaus gehörten.
Das ältere der beiden Alfdorfer Schlösser ist das *Untere Schloß*. In der Tradition eines Steinhauses wurde es Mitte des 16. Jh. als dreigeschossiger Rechteckbau mit Staffelgiebel erbaut. Zur Straße wird es durch einen Torbau von 1720 abgeschlossen. Ein ebenfalls an der Straße gelegenes »Glas- und Lusthaus« (Orangerie 1763) wurde 1834 zu einer Brauerei umgebaut. 1602 erbauten Philipp von Neuhausen und sein Schwager Joachim Berchthold von Roth das *Obere Schloß* mit Park. Im Innern ist das Gebäude heute völlig verändert; interessant noch das Ostportal (heute Zugang zum Rathaus) mit Wappen und Schrifttafel.
Um das alte *Rathaus* von 1680 liegt der bürgerliche Siedlungskern mit dem ortsgeschichtlich wichtigen *Gasthof zur Krone* (um 1660). In der *Schützenstraße* ist noch eine Anzahl ehem. Häfner- und Taglöhnerhäuser des 19. Jh. erhalten. Es handelt sich hier meist um zweigeschossige Gebäude mit verputztem Fachwerk.

7 *Alfdorf. Ev. Pfarrkirche. Blick in die Kanzel- und Altarnische*

8 *Alfdorf. Das Obere Schloß, erbaut 1602, heute Rathaus*

Alfdorf-Adelstetten

Das *ehem. Schloß* von Adelstetten (Schloßgasse 13), am östlichen Ortsrand gelegen, wurde 1577 von den Herren von Eltershofen erbaut. Durch den Alfdorfer Amtsvogt J. G. Bellon wurde es 1713 umgebaut. Von dem ehm. Wirtschaftshof ist heute nichts mehr vorhanden.

9 *Alfdorf. Das alte Rathaus von 1680*

Alfdorf-Haghof

Inmitten einer neugeschaffenen Golfanlage liegt am Rand des Limes der *historische Bauernhof* von 1728, der im Innern noch die Ausstattung des 18. Jh. besitzt.

Alfdorf-Hagmühle

Die *Hagmühle* wird schon im 15. Jh. erwähnt, doch stammt der heutige Bau aus der zweiten Hälfte des 19. Jh.

Alfdorf-Haselbach

Die im Ortsteil Haselbach gelegene *Obere Haselmühle* entstand 1809, hat aber heute kein Mühlrad mehr. An den beiden Eckpfosten im ersten Stock sind Schnitzereien erhalten.

Alfdorf-Heinlesmühle

Um 1510 wird urkundlich erstmals eine »Hainlismülin« bezeugt. Im Tal der Schwarzen Rot, am heutigen Mühlenwanderweg, liegen *Mahl- und Sägmühle mit zwei Nebengebäuden.* Bei der Mahlmühle handelt es sich um einen Fachwerkbau auf gemauertem Erdgeschoß, an der Längsseite 1809 bezeichnet. Die ehemals durch das Erdgeschoß und das erste Obergeschoß gehende Mahlstube ist noch an der mächtigen hölzernen Säule ablesbar. Am südlichen Giebel liegt das oberschlächtige hölzerne Mühlrad, das vom Mühlkanal am Hang angetrieben wird. Versetzt neben dem Mahlmühlrad liegt das Mühlrad der noch in Betrieb befindlichen Sägmühle, die mit der Mahlmüle durch einen Steg verbunden ist. Oberhalb der Mühle steht das *Back- und Waschhaus* von 1827.

Alfdorf-Hellershof

Der Weiler Hellershof besitzt außer der *Kirche* von 1924/25 noch einige *Wohnstallhäuser* des 19. Jh.

Alfdorf-Kapf

In dem früher limpurgischen Ort sind sowohl die Kapelle als auch das Schloß nicht mehr vorhanden. Die erhaltenen *Bauernhäuser* stammen alle aus einer Neubesiedlung um 1800 und sind als Wohnstallhäuser mit zugehöriger Scheuer gebaut.

10 Alfdorf. Die Heinlesmühle, erbaut 1809

11 Alfdorf. Die Meuschenmühle, erbaut 1787

Alfdorf-Leineckmühle

Von der an der Lein, über der ehem. Leineckmühle, gelegenen Burg (an der Straße nach Welzheim) sind heute nur noch Reste in Form von Geländeaufschüttungen zu erkennen.

Alfdorf-Meuschenmühle

Die 1787 in noch barocken Formen erbaute *Meuschenmühle* besitzt eine vollständig erhaltene Mahlanlage des 19. Jh. An der westlichen Giebelseite liegt das erneuerte oberschlächtige Mühlrad, das über einen oberhalb angestauten Bach angetrieben wird. An der rückwärtigen Hangseite ist das 1849 erbaute *Wasch- und Backhaus* erhalten.

12 Alfdorf. Das Innere der Meuschenmühle

Alfdorf-Pfahlbronn

An der Landstraße nach Welzheim liegt der Ortsteil Pfahlbronn mit dem 1891 in strengen Renaissanceformen erbauten *Rathaus*, das immer wieder umgebaut wurde. Außer dem *Gasthof zum Hirsch* (Lorcher Str. 9), einem Fachwerkbau des späten 18. Jh., prägen den Ort noch einige *Bauernhäuser* des 19. Jh.

13 Alfdorf. Die Vaihinghofmühle, 1973 nach altem Vorbild erneuert

Alfdorf-Rienharz

Schon im 14. Jh. wird der Ort erstmals erwähnt. 1476 erbaute man eine Kapelle, die im Kern in der heutigen *ev. Kirche St. Barbara* noch erhalten ist. Die bäuerliche Fachwerkbebauung stammt größtenteils aus dem 19. Jh.

Alfdorf-Vaihinghofmühle

Bei der *Vaihinghofmühle* handelt es sich um eine Sägmühle, die 1973 nach altem Vorbild erneuert wurde und im Volksmund »Hummelgautsche« genannt wird. Im Innern wurde die alte Mühleneinrichtung rekonstruiert.

Alfdorf-Vordersteinenberg

Das neben einigen Bauernhäusern des 19. Jh. erhaltene *Rathaus* stammt von 1860/70 und hat ein für Rathäuser dieser Zeit typisches Firsttürmchen.

ALLMERSBACH i. T.

Der heute durch Neubaugebiete geprägte Ort an der Straße nach Backnang hat mit der *ev. Pfarrkirche* des 16. Jh. und dem *Gasthaus zum Ochsen* von 1820/30 (Friedhofstr. 2) seinen alten Ortskern bewahrt. Die rückwärtige *Scheuer* wurde 1599 erbaut.

Allmersbach a. W. → Aspach
Altfürstenhütte → Großerlach

ALTHÜTTE

Im Kieserschen Forstlagerbuch von 1685 ist Althütte als Weiler mit wenigen Fachwerkhäusern dargestellt. Die heute den Ort überragende *ev. Pfarrkirche* stammt von 1859, das *Pfarrhaus* von 1860. Der Turm über dem Nordostgiebel wurde erst 1907 gebaut.

Althütte-Sechselberg

Die dreischiffige *Kirche* in Sechselberg wurde 1945 in der Tradition der landschaftsprägenden Fachwerkbauten von Architekt Nußbaum in enger Anlehnung an einen Bauplan von Architekt Klatte (1939) errichtet.

Althütte-Waldenweiler

Von ehemals zwei Gasthäusern ist heute nur noch das *Gasthaus zum Lamm* in Betrieb. Es handelt sich um einen schlichten späten Sicht-

14 Althütte. Ev. Pfarrkirche, erbaut 1859

15 Althütte-Waldenweiler. Das Haus Ebersberger Str. 6 von 1804

fachwerkbau von 1818. Reichere Gestaltung der Erdgeschoßöffnungen und des Fachwerks zeigt das Haus *Ebersberger Str. 6,* das 1804 erbaut wurde.

16 Aspach-Allmersbach. Die Kelter aus dem 18. Jh.

ASPACH

Aspach-Allmersbach a. W.

Eine Reihe von Bauernhäusern, zum Teil aus dem 16. Jh., prägt noch heute die Ortsstraße von Allmersbach. Am Ortsrand steht die *Kelter* aus dem 18. Jh. mit noch originalem Spreng- und Hängewerk. Mit dem an der Schmalseite angemauerten Zehnthäusle und dem Kelterstüble ist die Kelter ein Zeugnis der Weinbauzeit in Allmersbach.

Aspach-Großaspach

862 wird »Asbach« in einer Urkunde genannt, 1357 erstmals der Ort Großaspach von Kleinaspach unterschieden.
Die am Ortsrand im ehem. Friedhof gelegene *ev. Pfarrkirche St. Juliana* wird urkundlich im 14. Jh. erwähnt. Aus dieser Zeit stammt noch der Turmstock, der in der Spätgotik umgebaut wurde. 1780 wurde das Kirchenschiff neu gebaut und die Glockenstube (mit heute freiliegendem Fachwerk) auf den steinernen Turm aufgesetzt. Im 19. Jh. erhielt die Kirche eine Ausmalung im Geschmack der Zeit, die bei einer Innenerneuerung 1905 wieder entfernt wurde. Das heutige Erscheinungsbild geht auf eine Erneuerung von 1963 zurück. Pfarrkirche, Pfarrhaus und Pfarrscheuer, zueinander gruppiert, bestimmen noch heute das Ortsbild von Großaspach. Bei dem nördlich der Kirche gelegenen *Pfarrhaus* handelt es sich um das ehem. Sturmfedersche Schlößle, am Türbogen 1698 bezeichnet, obwohl Teile des Erdgeschosses von 1612 stammen. Das alte Pfarrhaus war ebenso wie eine Vielzahl von Häusern und Scheuern von den Franzosen 1693 niedergebrannt worden.
Im Zierfachwerk nicht so vielfältig ausgeprägt wie das Pfarrhaus sind die Fachwerkkonstruktionen der Bauernhäuser in der *Heilbronner Straße,* die meist aus dem 18. Jh. stammen. Mit dem *Haus Nr. 15* ist der Typ des Weingärtnerhauses erhalten. Die klar gegliederte Fachwerkkonstruktion stammt von 1704.

Aspach-Karlshof

Der spätmittelalterliche Weiler hat noch einige schlichte *Bauernhäuser* des frühen 19. Jh.

Aspach-Kleinaspach

Kleinaspach, heute als Weinbaugemeinde unbedeutend, besitzt mit der noch vollständig erhaltenen *Kelter* von 1793/94 und der dazugehörigen intakten Einrichtung ein einmaliges Denkmal der Weinbaugeschichte Württembergs. Rötelinschriften am Gebäude geben u. a. Auskunft über den Weinpreis im Jahr 1831. Als Zeugnis des wirtschaftlichen Wohlstandes ist das Weingärtnerhaus *Allmersbacher Str. 10* zu sehen, ein giebelständiges Fachwerkhaus mit reichhaltigen Zierformen des Barocks, 1629 bzw. 1634 datiert. Erwähnenswert ist auch das in den Schmuckformen des Fachwerks schon wesentlich vereinfachte ehem. *Gasthaus Ochsen* (Oberstenfelder Str. 15) aus der zweiten Hälfte des 18. Jh.

17 Aspach-Großaspach. Ev. Pfarrkirche mit spätgotischem Turmstock. Schiff und Glockenstube von 1780

18 Aspach-Kleinaspach. Die Kelter von 1793/94

19 Aspach-Kleinaspach. Das Haus Allmersbacher Str. 10 aus dem 17. Jh.

Die *ev. Pfarrkirche St. Nikolaus* wurde 1791/92 anstelle der baufälligen spätgotischen Kapelle gebaut. Das unmittelbar anschließende *Pfarrhaus* stammt von 1797/98.

Aspach-Rietenau

1103 wird Rietenau erstmals in einer Schenkungsurkunde zugunsten des Klosters Hirsau genannt. Von der Kirchhofanlage aus entwickelte sich der Ort entlang des Baches und des Ortsweges nach Backnang in Richtung Norden, wo schon früh Badhäuser bezeugt sind. Bereits im Mittelalter war Rietenau wegen seiner Quellen als Bad bekannt, und noch heute wird das Mineralwasser verkauft.
Bedauerlicherweise wurde, wie so viele Kirchen des Landes, die *ev. Pfarrkirche St. Ulrich* in den sechziger Jahren unseres Jahrhunderts total umgebaut. Bei der Entfernung des Kanzelfußes entdeckte man, daß es sich um ein umgedrehtes romanisches Kapitell handelt, das vermutlich von der Chorturmkirche des 13. Jh. stammt. Noch aus romanischer Zeit stammt der Turmchor, während der Turm in spätgotischer Zeit errichtet wurde. Im 18. und 19. Jh. ist die Kirche mehrmals innen umgebaut worden, ehe 1967/68 eine völlige Innenumgestaltung die Ausstattung des 18. und 19. Jh. entfernte. An den Wänden des Treppenhauses sind heute die Grabmale der Minner angebracht, die im 16. Jh. Forstmeister von Rietenau waren.
In der August-Lämmle-Straße stehen außer dem Haus Nr. 18, dem 1593 von den Minnern erbauten *Schlößle,* noch einige *Wohnstallhäuser* mit Zierfachwerk, oftmals an den Eckpfosten mit dem Erbauungsjahr bezeichnet. Baugeschichtlich interessant ist auch das Bauernhaus *Thaddäus-Troll-Str. 9* mit einer quer zum Haupthaus gestellten Hofdurchfahrt und einem darüberliegenden Fachwerkstock. Am Wohnstock über der Durchfahrt trägt ein Eckpfosten die Jahreszahl 1815.

Aspach-Warthof

Teile der *Burgruine* Warthof gehen vermutlich ins 13. Jh. zurück; ein Neubau des 14. Jh. wurde im Bauernkrieg 1525 zerstört.

Asperglen → Rudersberg

AUENWALD

Auenwald-Däfern

In der Dorfstraße ist außer einigen Bauernhäusern des 19. Jh. ein älteres Kellerhaus (*Dorfstr. 13 b*) erhalten.

20 Aspach-Rietenau. Ev. Pfarrkirche. Doppelgrabmal der Minner aus dem 16. Jh.

21 Aspach-Rietenau. Das Haus August-Lämmle-Str. 18, das Schlößle der Minner von 1593

Auenwald-Ebersberg

Die *Burg Ebersberg* liegt hoch über dem Rand der Backnanger Bucht und bietet einen herrlichen Ausblick bis weit ins Neckartal. Eine erste Ringmaueranlage der edelfreien Herren von Ebersberg ist hier schon im frühen 13. Jh. nachweisbar. Aus der Ganerbenzeit des frühen 15. Jh. stammt der Fünfeckturm an der südwestlichen Ringmauer, der ein Zwinger vorgelagert war. Auf dem anschließenden, ansteigenden Rücken der Bergzunge lag, schon topographisch bedingt, immer der Zugang zur Burg. Vom Torhaus ist heute nichts mehr erhalten; die Brücke, 1580 entstanden, ist weitgehend verschüttet.

22 *Auenwald. Burg Ebersberg. Bergfried mit Ringmauer*

Der Stumpf des Bergfrieds stammt noch von der ersten Burganlage des 12./13. Jh., während Hauptgebäude und Kapellenflügel auf den Schloßbau von 1478 zurückgehen. Der heutige Bau wurde nach einem Brand 1714 auf dem vorhandenen Erdgeschoß errichtet. Die Wirtschaftsgebäude des ehem. Schloßgutes sind nur noch in Schriftquellen nachweisbar; Grabungen könnten sicherlich Auskunft über deren Lage geben. Erwähnenswert ist das Portal mit Wappen und Jahreszahl. Von der Schloßausgestaltung ist nicht mehr viel sichtbar. In der Kapelle ist die originale Stuckdecke von 1725 erhalten.
Im unterhalb der Bergzunge gelegenen Dorf Ebersberg gibt es nur wenige historische Gebäude. Die *Pfarrkirche* und das *Pfarrhaus* stammen aus dem 19. Jh.

Auenwald-Hohnweiler

Die *ev. Pfarrkirche* von Hohnweiler geht auf einen Entwurf des Architekten Christian Friedrich Leins aus dem Jahr 1878 zurück, wurde jedoch 1966 durch Umbaumaßnahmen stark verändert.

Auenwald-Mittelbrüden

In der *Unterbrüdener Str. 5* ist noch ein im Typ eines Weingärtnerhauses gebautes zweigeschossiges Fachwerkhaus aus der Zeit um 1600 erhalten. Die weitere Hauslandschaft ist von Bauernhäusern des frühen 19. Jh. geprägt.

Auenwald-Oberbrüden

Oberbrüden dürfte – nach alten Urkunden – die Kernsiedlung von »Prüden« sein. Die *ev. Pfarrkirche St. Petrus* ist die Nachfolgerin der ehemals im Friedhof gelegenen alten Pfarrkirche, die heute nur noch an einer Bodenerhebung zu erkennen ist. Im 1959 vollendeten Neubau ist der Taufstein von 1587 erhalten. Eine Kapelle im Flecken wurde 1963 abgebrochen. Das *Pfarrhaus* (Pfarrgasse 1) stammt von 1794/95, ist aber im Innern stark verändert.
Außer Bauernhäusern des 19. Jh. ist das ehem. *Gasthaus zur Krone* (Steinbacher Str. 12) erwähnenswert, das noch ein schmiedeeisernes Wirtshausschild, vermutlich aus der Erbauungszeit um 1800, hat.

23 Auenwald-Hohnweiler. Die ev. Pfarrkirche, 1878/79 nach Entwürfen von Christian Friedrich Leins erbaut

Auenwald-Unterbrüden

Die erhaltenen Bauernhäuser des 18. Jh. (z. B. *Lippoldsweiler Str. 14, Talstr. 22*) wurden als Fachwerkhäuser über großen Kellern errichtet und sind zumeist über dem Kellertor datiert.

Baach → Weinstadt-Schnait

BACKNANG

Das in einer Talschlinge der Murr gelegene Backnang ist als Stadt erstmals um 1230 nachgewiesen. Nach einer Zerstörung durch Heinrich von Neuffen, 1235, erhielt der Stadtkern eine Ummauerung. Im 14. Jh. wurde die Stadt nach Westen erweitert. Auf dem südlich der Stadt ansteigenden Hang, durch den Einschnitt der Murr als Prall- und Gleithang ausgebildet, lag anfangs eine Hochadelsburg, deren beherrschende Lage über der Stadt später das Stift einnahm.
Für 1635 ist ein erster größerer Stadtbrand überliefert; 1693 wurde die Stadt von den Franzosen fast vollständig niedergebrannt und geplündert. In einer gewissen barocken Planmäßigkeit, entsprechend der Wirtembergischen Bauordnung vom 1. Dezember 1693, wurde die Stadt in den folgenden Jahren wieder aufgebaut.
Nachdem man im 18. Jh. die noch vorhandene Stadtmauer bei der Stadterweiterung berücksichtigt hatte, wurde sie im 19. Jh. übersprungen und der Stadtgrundriß gesprengt. Durch einige Nachkriegsbauten und eine ungesteuerte Altstadtsanierung der sechziger und siebziger Jahre wurde in der Altstadt von Backnang wertvolle historische Bausubstanz zerstört.
An der höchsten Stelle des Burgbergs liegt die *ev. Stadtkirche, ehem. Chorherrenstiftskirche St. Pankratius,* die 1116 erstmals zusammen mit dem Augustinerchorherrenstift erwähnt ist. Das reich begüterte Stift wurde 1477 in ein weltliches Kollegiatstift umgewandelt. In der Reformation wurde es aufgehoben, 1635–1648 aber wiederhergestellt. Der Stiftshof war ummauert und mit Toren versehen. Im Stiftshof wurde 1606 anstelle der Stiftshäuser das – nie vollendete – *Schloß* errichtet. Zum heute noch erhaltenen Stiftshof gehören die *Schloßküche* (um 1580), die *ehem. Stiftsverwaltung* (Erdgeschoß um 1600), das *ev. Dekanat* von 1697, das *ehem. Bandhaus und Fruchtkasten* (Schickhardt-Realschule, 1695), das *ehem. Diakonat* von 1698 und der *Stadtturm,* ehem. Pfarrkirche St. Michael.
Von der romanischen Stiftskirche sind noch die beiden Chorseitentürme mit Apsisnischen und Klangarkaden erhalten. 1504 wurde der

24 Backnang. Die in die Romanik zurückreichende ehem. Stiftskirche mit Chor von 1504 und Langhaus von 1697

Chor mit einem Turmzwischengewölbe erbaut, 1697 das Langhaus nach Brandzerstörung neu errichtet. Im 19. Jh. kam es zu verschiedenen Umbauten und Innenerneuerungen. 1913/14 erhielt die Fassade das heutige Erscheinungsbild. Der Innenraum wurde 1956 vollständig erneuert – die Fensterbänke im Schiff legte man 30 cm tiefer. In der 1929 wiederhergestellten Krypta (sie wurde 1504 zugeschüttet) befindet sich der Sarkophag der Judintha, Tochter Markgraf Hermanns II. von Baden, gestorben 1162. Die Grabplatten an den Wänden erinnern an das Erbbegräbnis der Markgrafen von Baden. Von der Ausstattung der Kirche ist außer den Sakristeischränken von 1501 vor allem der spätromanische Türringhalter der alten Sakristeitür (heute befindet sich dort ein Nachguß) erwähnenswert.

25 *Backnang. Ehem. Stiftskirche. Chor*

26 Backnang. Ehem. Stiftskirche. Krypta mit dem Sarkophag der Markgräfin Judintha von Baden († 1162)

Am Westhang des Burgbergs liegt der *Stadtturm* mit Turmschule (ehem. Pfarrkirche St. Michael). Der obere Teil des ehem. Chorturms, zwischen Chorgeschoß und Kranzgesims, wurde 1614 durch Heinrich Schickhardt auf das vorhandene Chorgeschoß des 13. Jh. aufgesetzt. 1699 wurde nach dem Stadtbrand von 1693 der Fachwerkstock mit Helm erneuert. Nach der Beseitigung der Reste des zerstörten Kirchenschiffs 1824 wurde ein Schulhaus an den Turm angebaut. Wie der Stadtturm wurde auch das *Schloß,* heute Amtsgericht und Finanzamt, von Schickhardt geplant. Der als Witwensitz gedachte, unvollendet gebliebene Bau war als dreigeschossiger Hakenbau geplant; ausgeführt wurde jedoch nur der nördliche Trakt. Die *ehem. Schloßküche,* nördlich des Schlosses gelegen, diente 1823/24–1972 als Gefängnis. Heute wird sie vom Finanzamt mitgenutzt.
Im ehem. Friedhof vor der Stadt wurde 1452 die Kirche Unserer lieben Frau im Eckertsbach (*Totenkirchle, Sulzbacher Str. 23*) gebaut. 1967 wurde das Schiff abgebrochen und ein unschöner Flachdachbau an den Chorbogen angebaut.

27 Backnang. Ehem. Stiftskirche. Romanischer Türringhalter an der Sakristeitür

28 Backnang. Der Stadtturm, Chorturm der ehem. Pfarrkirche St. Michael, Mitte 13. Jh.

29 *Backnang. Das Rathaus von 1599 bzw. 1716*

Außer den Alt-Backnanger Bürgerhäusern, die nach dem Brand von 1693 als giebelständige Fachwerkbauten mit gemauertem Erdgeschoß erbaut wurden, ist besonders das *Rathaus* bau- und stadtgeschichtlich wertvoll. Das Erdgeschoß mit den Eckkonsolen stammt von einem Vorgängerbau von 1599, der durch den Stadtbrand 1693 zerstört wurde. Die heutigen Fachwerkgeschosse entstanden 1716. In der *Marktstraße* haben sich einige Bürgerhäuser des 19. Jh. erhalten, die im Erdgeschoß jedoch meist grundlegend erneuert wurden. Die ehem. Gerberhäuser an der Murr, die früher das Stadtbild am Fuß des Burgbergs prägten, sind leider verschwunden.
Für die Stadtentwicklung im frühen 20. Jh. war die 1906/07 außerhalb der Stadt errichtete *Fabrik Adolff* wichtig. Sie war eine der ersten Industriebauten Backnangs und hatte in diesem Raum überregionale Bedeutung.

Backnang-Maubach

Außer dem *ehem. Rathaus* von 1850 ist der *Bahnhof* von 1875/76 interessant, der – nach einheitlicher Planung gebaut – Ebenbilder in anderen Orten an der Murrlinie hat (Kirchberg, Schwaikheim).

Backnang-Oberschöntal

Der Weiler Oberschöntal ist noch heute vorwiegend bäuerlich geprägt; seine stattlichen *Fachwerkhäuser* mit Stallungen und Scheuern des 18./19. Jh. bezeugen den einstigen Wohlstand.

Backnang-Steinbach

Das Ortsbild von Steinbach wird von dem *ehem. Rathaus* mit einem Glockentürmchen über dem Giebel beherrscht. Die umliegenden Bauernhäuser stammen aus dem 18./19. Jh.

Backnang-Strümpfelbach

Hofbaumeister Ludwig von Zanth, Architekt z. B. des Wilhelma-Theaters in Stuttgart-Bad Cannstatt, baute 1847 für Prinz Friedrich von Württemberg im Staatswald zwischen Strümpfelbach und Oppenweiler das sog. *Schloß Katharinenhof.* Nachdem das Gebäude in Privatbesitz übergegangen war, erhielt es 1930 eine Parkmauer mit Pavillons, Tor und Gärtnerhaus.

30 *Backnang. Die Fabrik Adolff von 1906/07*

31 *Backnang-Steinbach. Der Ortskern mit dem Rathaus*

32 *Backnang-Strümpfelbach. Schloß Katharinenhof, erbaut 1847*

Backnang-Unterschöntal

Einige Bauernhäuser des 18. Jh. haben im Kern noch ältere Konstruktionsteile. In dem einst wohlhabenden Weiler entstanden reichverzierte Fachwerkhäuser, so das Haus *Triberger Str. 1*, das am Eckpfosten 1798 bezeichnet ist.

Backnang-Waldrems

An der Straße nach Weissach liegen vereinzelt *Bauernhöfe* mit dazugehörigen großen Scheuern, die noch aus dem 18. Jh. stammen.

Bartenbach → Sulzbach
Beinstein → Waiblingen

BERGLEN

Berglen-Hößlinswart

Dank nahe gelegener Tonvorkommen entwickelte sich Hößlinswart ab dem 17. Jh. zu einem Zentrum der Hafnerei. 1820 wurde in der heutigen Bärenstraße nach einheitlicher architektonischer Planung (Erdgeschoß gemauert, Fachwerk verputzt unter Satteldach) eine Siedlung angelegt, von der noch einzelne Häuser erhalten sind (z. B. *Bärenstr. 10, 16*).

Berglen-Öschelbronn

Das *Rathaus* von 1911/12, in der Architektur des Jugendstils gebaut, ist ein im Rems-Murr-Kreis seltenes Beispiel dieser Architekturform, die meist nur in Städten zu finden ist.

Berglen-Oppelsbohm

Noch heute prägt die Kirche das Ortsbild von Oppelsbohm. Die über der ehem. Streusiedlung, am Rand der Weinberge, gelegene *ev. Pfarrkirche St. Mauritius* war bis ins 19. Jh. eine Kirchhofanlage aus spätgotischer Zeit. Turmhelm und Fachwerkstock stammen von 1720. 1769 wurde das Kircheninnere zu einer Emporenkirche umgebaut, die 1870 purifiziert wurde und so bis zum Umbau 1966/67 erhalten blieb. Der Kirchhof wird heute mitbestimmt von dem *neuen Rathaus,* 1985, das

33 Berglen-Oppelsbohm. Die spätgotische ev. Pfarrkirche mit Fachwerkstock und Turmhelm von 1720

durch Verbindungsbauten mit dem 1838 erbauten *alten Rathaus* zu einer Einheit verbunden ist.
An der durch den Ort führenden *Beethovenstraße* sind noch einige Bauernhäuser des 17./18. Jh. erhalten.

Berglen-Rettersburg

An der Straße nach Öschelbronn liegen noch fünf gut erhaltene *Kellerhäuser,* die jeweils am Rundbogen mit Besitzerinitialen und Datierung versehen sind. Sie wurden wegen des Grundwasserstandes im Ort am Hang erhöht erbaut.

Berglen-Steinach

Die in der Ortsmitte gelegene *ev. Kirche* wurde 1697 neu errichtet, nachdem ein Hochwasser die spätgotische Kapelle St. Bernhard zerstört hatte. 1965 wurde sie innen und außen stark erneuert. Im Ort haben sich einige Bauernhäuser des 18. Jh. erhalten, darunter das Haus *Forchenstr. 2.*

Berglen-Streich

An der Durchgangsstraße liegt die *ehem. Kelter*, deren Straßenfront von 1786 noch original erhalten ist. Glocken- und Uhrenturm stammen aus dem 19. Jh.

Berglen-Volkhardsmühle

Die ursprünglich aus dem 16. Jh. stammende *Mahlmühle* wurde jüngst so tiefgreifend umgebaut, daß vom historischen Bau nur noch Reste erhalten sind.

Berwinkel → Sulzbach
Beutelsbach → Weinstadt
Birkmannsweiler → Winnenden
Bittenfeld → Waiblingen
Bruch → Weissach
Bürg → Winnenden
Buoch → Remshalden
Burgstall → Burgstetten

34 Burgstetten-Burgstall. Ev. Pfarrkirche. Netzrippengewölbe im Chor von 1485

BURGSTETTEN

Burgstetten-Burgstall

An der Straße von Backnang nach Marbach liegt der Ort Burgstall mit der spätgotischen *ev. Pfarrkirche* von 1485, die 1871 durch Christian Friedrich Leins umgebaut wurde. 1963 freigelegte Wandmalereien an der Chornordwand stammen aus dem späten 15. Jh.

Burgstetten-Erbstetten

Die abgeschiedene Lage des Dorfes hat dazu beigetragen, daß die Pfarrkirche und das Pfarrhaus mit Pfarr- und Zehntscheuer als Einheit erhalten blieben. Die *ev. Pfarrkirche St. Laurentius* geht auf eine ältere Chorturmanlage des 13. Jh. zurück. Der heutige, spätgotische Bau ist mit 1474 bezeichnet; ein größerer Umbau mit Erneuerung des Dachstuhls fand im 18. Jh. statt. Das nördlich der Kirche gelegene *Pfarrhaus* stammt von 1707; im Erdgeschoß sind noch Mauerreste des Vorgängerbaus erhalten. Zum Pfarrhof gehört die 1754 erbaute *Pfarr- und Zehntscheuer.*

Cottenweiler → Weissach
Däfern → Auenwald
Ebersberg → Auenwald
Endersbach → Weinstadt
Engelberg → Winterbach
Erbstetten → Burgstetten
Eschelhof → Sulzbach

FELLBACH

Als Industriestadt im Ballungsraum Stuttgart bietet Fellbach dem auf der B 14 durchfahrenden Autofahrer zunächst kaum einen attraktiven Anlaß, im Ort haltzumachen. Biegt man aber nach Süden zum Fuß des Kappelbergs ab, erkennt man das ursprünglich locker besiedelte Weinbauerndorf, das 1121 erstmals erwähnt wird. Nördlicher Abschluß des »Alt-Dorfes« ist die *ev. Lutherkirche* (ehem. St. Gallus), die um 1340 als Wehrkirche mit Wassergraben und vier Ecktürmen erbaut wurde. Chor und Turm wurden 1510–1524 umgebaut, das Langhaus wurde 1779 erneuert. Für den Neubau der Schule 1801–1803 wurden große Teile der Befestigung abgebrochen. Beim Abbruch dieses Schulhauses hat man 1985 Reste der alten Wehranlage wiederentdeckt. Die Kirche besitzt noch eine wertvolle Ausstattung. Die Kanzel mit Schalldeckel stammt von 1683, die Orgel mit Rückpositiv von 1740 (das Werk wurde 1969 erneuert). Der Altar und der Taufstein sind zeitgleich mit dem Neubau des Schiffs, 1779/80.
Unter den Fachwerkbauten, die fast alle giebelständig entlang den beiden Nord-Süd-Straßenachsen zwischen Lutherkirche und Kappelberg gebaut wurden, sind insbesondere die Gebäudegruppen der oberen *Cannstatter Straße* zu erwähnen. Das *ehem. Rathaus* (Nr. 16), das heute von der Polizei genutzt wird, stammt aus dem 16. Jh. und wurde

35 *Burgstetten-Erbstetten. Die spätgotische ev. Pfarrkirche von 1474 und das Pfarrhaus von 1707*

36 Fellbach. Das Neue Rathaus von 1986 und die Lutherkirche

1912 in der heutigen Form zum Rathaus umgebaut. Unter dem Krüppelwalm zur Cannstatter Straße steckt noch der alte Kern. Südlich davon, hinter das alte Rathaus zurückgesetzt, liegt der *ehem. Konstanzer Pfleghof* mit Nebengebäude. Es handelt sich um einen Dreiseithof mit einer Steinscheuer, die 1697 datiert ist. Im rechten Winkel dazu steht eine Fachwerkscheuer des 18. Jh. mit Stall und Waschhäuschen. Gegenüber dem Konstanzer Hof liegen zwei markante *Weingärtnerhäuser* mit Zierfachwerk aus dem 17. Jh. Sie haben den für Weingärtnerhäuser typischen gewölbten großen Steinkeller.
Das heute als Heimatmuseum genutzte Haus *Hintere Str. 26,* im 17. Jh. erbaut, besticht nicht nur durch die reichen Zierformen am Fachwerk, sondern auch durch seine städtebauliche Plazierung. Der Baukörper ist zur Hinteren Straße zurückgesetzt.
Mit dem Bau der Eisenbahnlinie Bad Cannstatt-Schwäbisch Gmünd-Aalen-Wasseralfingen, die 1861 in Betrieb genommen wurde, bekam Fellbach einen Haltepunkt, womit die industrielle Entwicklung des ursprünglichen Weingärtnerdorfes begann. Bedeutendstes Bauwerk der städtebaulichen Erweiterung ist die 1926/27 von Prof. Wilhelm Jost erbaute *ev. Pauluskirche* (Bahnhofstr. 88). Der Innenraum, in expressionistischer Formensprache gestaltet, ist geprägt von der Lichtführung durch die Seitenschiffe. Leider ist der ursprünglich verglaste

37 *Fellbach. Die Pauluskirche, erbaut 1926/27*

38 Fellbach. Blick in die obere Cannstatter Straße

Altarraum seit 1952 blechverkleidet. Die gesamte Innenausstattung der Kirche ist noch original erhalten. Die *Kirche Maria Regina,* ein gutes Beispiel für den Kirchenbau der Nachkriegszeit, wurde 1968 von Architekt Franz gebaut.

39 Fellbach. Lutherkirche. Inneres nach Osten mit Kanzel von 1673 und Orgel von 1740

Zeugnis jüngster Stadtentwicklung ist das 1986 erbaute *Neue Rathaus* an der Lutherkirche. Zusammen mit dem dritten Bauabschnitt der Wohncity bildet es ein neues Stadtzentrum und ist Verbindungsglied von Altstadt zu Neustadt.

Fellbach-Oeffingen

Oeffingen wird erstmals 789 in einer Urkunde des Klosters Lorsch erwähnt. Durch die niederadligen Ortsherren einer Seitenlinie der Herren von Neuhausen blieb Oeffingen auch nach der Reformation katholisch und wurde 1618 von ihnen an das Augsburger Domkapitel verkauft. 1803 mit dem Domstift säkularisiert, ging der Ort an Bayern. Durch einen Staatsvertrag wurde Oeffingen 1810 württembergisch.
In einem Prospekt aus der Zeit um 1775 ist der unregelmäßige Ortsgrundriß mit der Kirche am Westrand und dem Kloster am Ostrand des Dorfes zu erkennen. Nach der Übernahme durch Bayern wurden die Gebäude des ehem. Franziskanerhospizes an Bürger verkauft und kurz darauf abgebrochen. Im Zweiten Weltkrieg wurde Oeffingen bei einem Fliegerangriff schwer getroffen. Das Schiff der stark beschädigten *Pfarrkirche St. Nabor* mußte abgebrochen werden. Der noch vorhandene Turm ist am nördlichen Strebepfeiler 1457 datiert, der Turmstock dürfte jedoch älter sein. Die achteckige Fachwerkglockenstube mit Zelthelm stammt von 1822. Die Inschrift am Strebepfeiler deutet Adolf Schahl als Datum des Bauabschlusses – »1457 quarta feria post pascha« – also 20. April 1457. Im Turmchor stehen die Schnitzfiguren eines Altarretabels aus dem späten 15. Jh.
Westlich des Chorturms liegen das 1713 errichtete *Pfarrhaus* und die *Grabpyramide* für die Familie Giovanni Donato Frisonis und Leopoldo Rettis, der berühmte Barockbaumeister der Rezidenzstadt Ludwigsburg.
Das Hauptgebäude der *ehem. Obervogtei* des Domkapitels Augsburg von 1759 steht als letztes Zeugnis der fast dreihundertjährigen Zugehörigkeit Oeffingens zum Domkapitel in der Hauptstr. 37.
Von der Residenz der Ortsherrschaft, der Herren von Neuhausen, ist noch der barocke Hauptbau von 1712, das sog. *Schlößle* (Schulstr. 14), erhalten. Das zweite Obergeschoß wurde 1827 als Fachwerkstock (ursprünglich verputzt) aufgesetzt. Vereinzelt sind im Ort noch Weingärtnerhäuser und Bauernhäuser des 17./18. Jh. vorhanden, so die Häuser *Schulstr. 8* und *Hauptstr. 29.* Am alten Ortsweg von Fellbach nach Waiblingen liegt die um 1600 errichtete *Heilig-Kreuz-Kapelle.* Im Innenraum ist ein reichverzierter Deckenstuck des späten 17. Jh. erhalten.

40 Fellbach-Oeffingen. Der Chorturm (1457) der abgebrochenen kath. Pfarrkirche und das Pfarrhaus von 1713

41 Fellbach-Oeffingen. Bauinschrift am nördlichen Strebepfeiler des Chorturms (1457)

1741

Fellbach-Schmiden

Auf dem Schmidener Feld sind bereits Keltensiedlungen nachweisbar. 1273 wird der heute mit Fellbach zusammengewachsene Ort erstmals urkundlich erwähnt. Schmiden war schon früh in württembergischem Besitz, doch wegen der Fruchtbarkeit des Bodens unterhielten die Klöster Adelberg, Blaubeuren und Weil wie auch das Spital Esslingen eigene Höfe am Ort.
Beherrscht wird Schmiden von dem über dem alten Ortskern gelegenen Kirchberg mit Pfarrkirche, Pfarrhaus und Pfarrscheuer. Die *ev. Pfarrkirche St. Dionysius und Barbara* läßt schon wegen des Dionysius-Patroziniums ein hohes Alter vermuten. Der Turm geht vermutlich in die karolingische Zeit zurück, die Klangarkaden stammen aus dem frühen 12. Jh. Schon im 13. Jh. wurde die romanische Chorturmkirche mit neuem Schiff und neuem Chor erweitert. Bei einer Erneuerung im 15. Jh. wurde der Turm erhöht. Den heutigen Turmhelm erhielt er 1869, nachdem schon im 18. Jh. der Helm des 15. Jh. erneuert worden war. Das heutige Bild der Kirche, sowohl im Äußeren als auch im Inneren, wurde durch umfangreiche Baumaßnahmen in den Jahren 1959–1961 bestimmt. An den Fassaden des Schiffs und des Turms wurden die historischen Putze abgeschlagen, um im Sinn der Materialgerechtigkeit eine Steinsichtigkeit zu erreichen. Im Innenraum wurden Wandmalereien von 1470/80 freigelegt. Der Chor ist in teppichhafter Zusammenfügung vollständig ausgemalt. An der Chorwand ist u. a. die Legende des hl. Dionysius dargestellt. Die im Schiff sichtbaren Malereifragmente stammen aus dem 16. Jh.
Am Fuß des Kirchbergs liegt, aus zwei Baukörpern zusammengezogen, das *Rathaus und ehem. Schulhaus.* Das Schulhaus wurde 1820 an das alte Rathaus angebaut.
Durch den Ausbau von Straßen und die Erweiterung der Wohngebiete ist das Ortsbild von Schmiden neuzeitlich geprägt. Von den stattlichen Drei- und Vierseithöfen hat sich in der *Bühnerstraße* ein noch vollständiger Hof aus der Zeit um 1600 erhalten (Nr. 13). In der *Oeffinger Str. 9* stehen vom ehem. »Härdleshof« noch das dendrochronologisch datierte Wohnstallhaus von 1476 und eine unterkellerte Doppelscheuer des 18. Jh. Am Ortsrand von Schmiden ist von dem alten Meierhof noch das sog. *Große Haus* (Butterstr. 1), am Kellertor 1577 datiert, mit einer rückwärtigen Doppelscheuer, ebenfalls 16. Jh., erhalten. Das im Inneren großflächig ausgemalte Haupthaus wird derzeit zu einem Bürgerhaus umgebaut.

Fornsbach → Murrhardt
Geradstetten → Remshalden

42 Fellbach-Schmiden. Die spätgotische ev. Pfarrkirche und das Rathaus

43 Fellbach-Schmiden. Ev. Pfarrkirche. Wandmalereien im Chor von 1470/80

44 Fellbach-Schmiden. Der Hof Bühnerstr. 13, erbaut um 1600

Gollenhof → Leutenbach
Grab → Großerlach
Großaspach → Aspach

GROSSERLACH

Die 1857/58 erbaute *ev. Pfarrkirche* von Großerlach und das zwei Jahre später errichtete *Pfarrhaus* (heute Rathaus) wurden zwar im Inneren umgebaut, sind aber noch gute Beispiele des sog. Kameralamtsstils.

Großerlach-Altfürstenhütte

Von der ehem. Glashütte mit dazugehöriger Siedlung ist heute nichts mehr vorhanden. Die erhaltenen Häuser stammen meist aus dem

45 Großerlach-Altfürstenhütte. Das »Gasthaus zur Linde« mit 1826 datiertem Eckpfosten

19. Jh., so auch die ehem. Schildwirtschaft *Gasthaus zur Linde*. Der 1826 datierte Eckpfosten hat Schnitzereien des Bäckerhandwerks und zeigt den Wirt mit Krug und Becher.

Großerlach-Grab

Der Name Grab geht auf den durch den Ort führenden Graben des Limes zurück. Im Zentrum liegen die in der Mitte des 19. Jh. erbaute *ev. Pfarrkirche* und das *Pfarrhaus,* die dem Kameralamtsstil zuzurechnen sind.

Großerlach-Liemersbach

Mit der Ansiedlung von drei Familien wurde der Ort 1726 gegründet. In die Geschichte weiter zurück reicht die *ehem. Liemersbacher Mühle* (Rottalstr. 10) aus dem 17. Jh.

Großerlach-Mannenweiler

Wie Liemersbach und Altfürstenhütte besitzt Mannenweiler ein stattliches *Wirtshaus* in Sichtfachwerk. Es wurde 1789 erbaut und 1816 erweitert. Der linke Eckpfosten trägt schöne Flachschnitzereien.

Großerlach-Schönbronn

In Schönbronn sind einige reichverzierte Fachwerkbauten des 18. Jh. erhalten, die zumeist als gestelzte Wohnstallhäuser gebaut wurden. Am Haus *Kohlweg 1* überranken arabeske Schnitzereien den Eckpfosten am Giebel. Florale Schnitzereien, 1760 datiert, sind am Haus *Marhödter Str. 27* zu erkennen.

Großerlach-Trauzenbach

An dem durch Aufstockung veränderten Bauernhaus *Mittelhofweg 3* zeigt der Eckpfosten Schnitzereien mit dem Erbauungsjahr 1767.

Großheppach → Weinstadt
Grunbach → Remshalden
Gundelsbach → Weinstadt
Haghof → Alfdorf
Hagmühle → Alfdorf
Haselbach → Alfdorf
Haubersbronn → Schorndorf

46 *Großerlach-Grab. Die ev. Pfarrkirche von 1852/53*

Hausen → Murrhardt
Hebsack → Remshalden
Hegnach → Waiblingen
Heidenhof → Leutenbach
Heinlesmühle → Alfdorf
Hellershof → Alfdorf
Hertmannsweiler → Winnenden
Höfen → Winnenden
Hößlinswart → Berglen
Hohenacker → Waiblingen

KAISERSBACH

Auf einer Höhe mitten im Welzheimer Wald gelegen, wird der Ort Kaisersbach von der 1867–1869 erbauten *ev. Pfarrkirche* überragt. Mit dem anfänglich kombinierten *Rat- und Schulhaus* von 1839 bildet sie das Zentrum der offenen Streusiedlung. Vereinzelt, wenngleich stark verändert, sind noch Bauernhäuser des 18. Jh. erhalten (z. B. *Lindenstraße*). Der ehem. *Gasthof zum Ochsen* (Brunnenstr. 25) hat im Erdgeschoß barocke Formen des 18. Jh. bewahrt.

Kaisersbach-Gebenweiler

Das *Haus Nr. 9* in der Streusiedlung Gebenweiler hat ein bemerkenswertes gemauertes Erdgeschoß mit einem neubarock gestalteten Kellertor. Obwohl das Haus erst 1828 gebaut wurde, sind an den Wandöffnungen noch Formen der Gotik und des Barocks verwendet.

Kaisersbach-Menzlesmühle

Die *Menzlesmühle* ist eine Station des Mühlenwanderwegs im Rems-Murr-Kreis. Der heutige Bau wurde 1721 nach einem Brand errichtet. In jüngster Zeit hat man das alte Holzrad durch ein eisernes oberschlächtiges Mühlrad ersetzt.

Kaisersbach-Mönchhof

Die heute in eine Feriensiedlung (Freizeithof) eingebundene offene *Hofanlage* mit Wohnstallgebäude, Scheuer und Schuppen wurde 1805 errichtet. Das Erdgeschoß des gestelzten Wohnstallhauses zeigt aufwendige spätbarocke Formen. Über der Haustür ist ein reich gestalteter Schlußstein angebracht.

47 Kaisersbach. Die Menzlesmühle von 1721

Kaisersbach-Schillinghof

Das *Haus Fritz* (Nr. 1) ist ein gut erhaltenes Beispiel eines gestelzten Einhauses. Der rauchgeschwärzte Dachstuhl spricht für eine frühere Erbauung, als die vorhandene Jahreszahl 1774 vermuten läßt.

Kapf → Alfdorf

48 Kernen-Rommelshausen. Der Ortskern mit der ev. Pfarrkirche von 1843/44

KERNEN

Kernen ist bei der Gemeindereform 1975 durch den Zusammenschluß der Gemeinden Rommelshausen und Stetten entstanden. Die höchste Erhebung des Schurwalds, der »Kernen«, gab der neuen Gemeinde den Namen.

Kernen-Rommelshausen

Der heute durch Nachkriegsbauten stark gestörte Ortskern bestand ursprünglich aus zwei durch einen Bach getrennten Siedlungen. 1137 wird Rommelshausen als Sitz eines Ortsadels erwähnt. Kirche und Pfarrei, Kern der an der Straße nach Stetten gelegenen Siedlung, sind ab der Mitte des 13. Jh. bezeugt. Im 14. Jh. als Chorturmkirche ge-

baut, erhielt die *ev. Pfarrkirche St. Mauritius* 1843/44 ein neugotisches Langhaus. Gleichzeitig wurde der Turm im oberen Teil erneuert und mit einem Turmschaft und einem achteckigen, von Spitzgiebeln durchsetzten Turmhelm versehen. Im Innern der Kirche ist, nach der Öffnung des Chorbogens, der Blick in den Chorraum mit den freigelegten Fresken des 15. Jh. wieder möglich.
Erhöht über der Kirche und dem *alten Rathaus,* einem Bau von 1777, liegt der *ehem. Pfarrhof* mit Pfarrhaus, Wasch- und Backhaus und Pfarrscheuer. Das gesamte Anwesen ist von einer hohen Sandsteinmauer umgeben. Das *Pfarrhaus* stammt aus dem 16. Jh., die *Pfarrscheuer* wurde 1743 erbaut. Im Bereich der Gabelung von Haupt- und Pfarrstraße sind außer der Kirche und dem Pfarrhof noch einige historische Bauernhäuser des 18. Jh. erhalten.
Vom zweiten Siedlungskern um den ehem. herzoglichen Schafhof ist heute noch das *Maierhaus* (Schafstr. 23) und eine *Stallscheune* (Schafstr. 23/1) erhalten.

Kernen-Stetten

Neuere Grabungen belegen, daß die Gemarkung Stetten schon in der Merowingerzeit besiedelt war. Als Inhaber des württembergischen Truchsessenamts hatten die Herren von Stetten vom 13. Jh. bis 1507 die Herrschaft über Stetten. Unter den Württembergern wurde das Schloß ausgebaut und diente im 17. und 18. Jh. mehrmals als Witwensitz württembergischer Herzoginnen.
Im Anschluß an das Schloß, das am Taleingang zum Schurwald liegt, entwickelte sich der historische Ort beiderseits des Haldenbachs. Noch heute bilden der Kirchplatz mit der Kirche, dem alten Rathaus, dem Pfarrhaus und einer Anzahl stattlicher Weingärtnerhäuser das Zentrum des Ortes.
Von der spätgotischen Kirche, deren Schiff für den Bau des heutigen Quersaals (von 1698) der *ev. Pfarrkirche St. Maria und Veit* abgebrochen wurde, steht noch der Westturm. Hier befinden sich die Wappenschilde der Truchsessen von Stetten und der Grafen von Wirtemberg. Im Inneren des Emporensaals beeindruckt an der freien Südwand die Kanzel aus Holz und Stuck von 1698. Der Altar und der Taufstein stammen ebenfalls von 1698.
Das *Pfarrhaus* von 1805 und das heutige *Rathaus,* 1840/41 zunächst als Schulhaus gebaut, liegen nördlich der Kirche am Kirchplatz (Nr. 1 und 11). Hier steht auch das *ehem. Rathaus* (Nr. 9), dendrochronologisch auf 1550/51 datiert. Im Kern enthält es noch Bauteile des Rathauses von 1490. Bei der Renovierung 1987–1989 wurde der für Rathäuser

49 Kernen-Stetten. Die ev. Pfarrkirche von 1698

dieser Zeit typische Hallenraum im Erdgeschoß wieder freigestellt. Im ersten Obergeschoß konnten Reste einer Renaissancemalerei freigelegt werden. Zurückgesetzt zwischen Pfarrhaus und Kirche liegt die erste *Dorfschule* (Kirchplatz 3). Der barocke *Gasthof zum Ochsen* (Kirchstraße 13) wurde 1769 umgebaut. Aus dieser Zeit stammt auch der schmiedeeiserne Wirtshausausleger.
Einige der Weingärtnerhäuser in der *Hindenburgstraße* gehen in die Zeit um 1600 zurück. Sie wurden über einem großen Gewölbekeller errichtet und haben im Giebel meist ein noch ungestörtes Fachwerk. Besonders herauszuheben ist das Haus *Nr. 24,* das heutige *Heimatmuseum.* Es wurde 1620 als Kanzleigebäude der Erbmarschälle Thumb von Neuburg errichtet und 1698 zu einem Geschäftshaus ausgebaut

50 Kernen-Stetten. Ev. Pfarrkirche. Die Kanzel von 1698

51 Kernen-Stetten. Das Haus Hindenburgstr. 24 von 1620, heute Heimatmuseum

52 Kernen-Stetten. Die Ruine der Yburg

(Laden am Ostgiebel). Im Inneren ist das Haus im Grundriß und in der Farbigkeit des 17. Jh. erhalten und zeugt von der hohen Wohnkultur dieser Zeit. Am südlichen Ende der Hindenburgstraße liegen die *Kelter* (Nr. 43) und der Friedhof. Die ehem. Glockenkelter (benannt nach dem »Rechtsglöcklein«, mit dem das Ende der täglichen Traubenlesezeit angekündigt wurde), ist seit 1582 nachweisbar; der heutige Bau wurde 1786 errichtet. In der Mühlstraße liegen die *ehem. Dorf-*

53 Kernen-Stetten. Das ehem. Schloß. Hofansicht

mühle von 1621 und das große *Gemeindebackhaus* aus der Mitte des 19. Jh.
Bei der südöstlich am Hang über Stetten gelegenen *Ruine Yburg* handelt es sich um ein ehem. Steinhaus. An den drei ersten Geschossen ist einheitliches Mauerwerk des 14. Jh. erkennbar. Um 1500 wurde das vierte Geschoß aufgemauert. Nachweislich wohnten bis zu fünf Familien in dem Gebäude, doch heißt es schon 1693 in einer Urkunde: ». . . ein altes, ohnausgebautes Schlößlein auf dem Berg.« 1760 wurde es abgebrochen.
Am südlichen Ortseingang, an der Straße nach Endersbach und Rommelshausen, liegt das *ehem. Schloß Stetten,* das seit 1864 Heilanstalt ist. 1384/87 werden die ersten Bauten als Steinhäuser im Tal genannt. Ins 16. Jh. zu datieren sind der sog. Bonnsche Bau, Kernstück der Schloßanlage, und der Liebensteinsche Bau. Sie gehen auf die Familie Thumb von Neuburg zurück, die 1507/08 die Herrschaft Stetten erwarb und das Schloß ausbauen ließ.

54 Kernen-Stetten. Ehem. Schloß. Die Altarwand der Kapelle von 1681/82

55 Kernen-Stetten. Ehem. Schloß. Der Sommersaal im Liebensteinschen Bau von 1692

Nach dem Verkauf der Stettener Besitzungen und der Herrschaft Stetten an Herzog Eberhard III. (1664 und 1666) begannen größere Um- und Neubauarbeiten. 1679–1682 ließ Magdalena Sibylla, die Witwe Herzog Eberhards III., in den Bonnschen Bau eine Kapelle einbauen, die den alten Chor an der Ostseite mit einschloß. 1692 erhielt der Liebensteinsche Bau den reich stuckierten Sommersaal. Herzog Eberhard Ludwig ließ 1722/23, vermutlich durch Frisoni, für seine Mätresse Frau von Wörben-Grävenitz den sog. Eberhardinischen Bau errichten. Zu dieser Zeit waren im Park Figuren von Feretti aufgestellt. 1745 wurde auf Geheiß der Herzogin Johanna Elisabeth der sog. Wintersaal angebaut. In den Ecken der Stuckdecke sind die vier Erdteile als Relieffiguren dargestellt. 1831–1852 war das Schloß, nachdem es die königliche Familie nicht mehr nutzen wollte, »Erziehungs- und Unterrichtsanstalt«. Nach dem Verkauf durch König Wilhelm I. wurde es 1864 Heilanstalt. Die Anstalt wurde durch Neubauten erweitert und ist heute mit seiner großen westlichen Erweiterung ein prägender »Ortsteil« von Stetten.

KIRCHBERG a. d. M.

Die historische Bebauung entlang der Hauptstraße mit dem Ortskern um Kirche, Pfarrhaus, Rathaus, Schule und Kelter bestimmt noch heute das Ortsbild von Kirchberg.

Der *ev. Pfarrkirche St. Lukas* von 1779 geht eine Chorturmanlage voraus, die noch im Kieserschen Forstlagerbuch von 1685 gut zu erkennen ist. Südlich, unterhalb der Kirche, liegt das *Pfarrhaus,* das 1616/17 ursprünglich als Bürgerhaus erbaut und nach einem Verkauf 1738 zum Pfarrhaus umgebaut wurde. Architektonisch bemerkenswert ist die Ecklösung mit einer Dreiviertelsäule, die über alle Geschosse geht und mit einer Konsole und einem Wasserspeier geschmückt ist.

Gegenüber der Westfassade der Kirche steht das *Rathaus* von 1787 frei auf dem Kirchplatz. Nördlich davon liegt die fast zeitgleiche *Kelter* (1784) mit einem noch gut erhaltenen Hänge- und Sprengwerk. Von der großen Anzahl gut erhaltener Bauernhäuser entlang der Alten Straße und der Hauptstraße ist das Haus *Alte Str. 17* noch fast vollständig im Original von 1609 erhalten.

Kirchenkirnberg → Murrhardt
Klaffenbach → Rudersberg
Kleinaspach → Aspach
Kleinheppach → Korb

56 *Kirchberg an der Murr. Das Pfarrhaus von 1616/17*

57 Kirchberg an der Murr. Das ehem. »Gasthaus zur Krone« von 1817, Hauptstr. 9

Klingen → Murrhardt
Köchersberg → Murrhardt

58 Korb. Das Rathaus (Mitte 16. Jh.) und das Pfarrhaus von 1744

KORB

Zentrum des Bauern- und Weingärtnerortes Korb bilden auch heute noch die Pfarrkirche, das Rathaus und das ehem. Schulhaus an der Kreuzung der Jakob-Friedrich-Weishaar-Straße/Kirchstraße. Der Ort ist erstmals 1270 bezeugt. Eine selbständige Pfarrei ging 1482 aus einer Filialkapelle von Waiblingen hervor.

59 Korb. Die Kelter von 1814

Die *ev. Pfarrkirche* mit spätgotischem Chorturm von 1482 erhielt 1831/32 ein neues Schiff. Der von fünf Säulenpaaren gestützte dreischiffige Hallenbau erwies sich schon bald als Fehlkonstruktion; 1902 wurden unter Heinrich Dolmetsch vor allem die Deckenkonstruktion und die Stützen verändert.
Unterhalb der Kirche liegt das *Pfarrhaus* von 1744, gegenüber das *Rathaus*. Das Rathaus wurde zunächst (Mitte 16. Jh.) als Weingärtnerhaus gebaut. Nach dem Dreißigjährigen Krieg, in dem Korb erhebliche Zerstörungen erlitt, wurde es zum Rathaus umgebaut. Im Inneren sind zwei Glasgemälde von 1656 und 1680 erhalten.

60 Korb. Der Fleckenbrunnen von 1758

Außer der *Kelter* von 1814 (heute umgebaut als Stadthaus) und dem *Fleckenbrunnen,* einem auf vier Pfosten stehenden Brunnenhaus von 1758, ist in Korb noch ein Gemisch historischer Weingärtner-, Bauern-, Handwerker- und Seldnerhäuser erhalten. Zu erwähnen sind das Schuhmacherhaus von 1748 in der *Jakob-Friedrich-Weishaar-Str. 13*, das Weingärtnerhaus *Kirchstr. 3,* vermutlich 16. Jh., und das Bauerngehöft *Jakob-Friedrich-Weishaar-Str. 17/19* aus dem 17. Jh.

Korb-Kleinheppach

Umrahmt von den Weinbergen des Kleinheppacher Kopfs, zeugt der Burgplatz bzw. sein Name noch von einer ehem. staufischen Wasserburg, die bereits im 14. Jh. abgegangen ist. Die *ev. Kirche,* die auf eine spätgotische Kapelle von 1480 zurückgeht, liegt am südlichen Ende der alten Siedlung. Auf den historischen Ortskern verweisen noch das *Gasthaus zum Lamm* und die gegenüberliegende *Zehntscheuer.* Im Ort sind vereinzelt Bauernhäuser des 16./17. Jh. erhalten.

Korb-Steinreinach

Das im Dreißigjährigen Krieg ausgebrannte Schiff der *ehem. Wallfahrtskirche St. Wolfgang* mit dem noch erhaltenen, weit über den Ort aufragenden Turm von 1487/88 wird heute zum Teil als Kelter genutzt. Von dem bei der Kirche liegenden sog. Schlößle (Turmstr. 13), das 1551 erstmals erwähnt wird, existieren nur noch zwei Keller.

Krehwinkel → Rudersberg
Leineckmühle → Alfdorf

LEUTENBACH

Leutenbach ist noch heute ein typisches Straßendorf. An der Straßengabelung, wo bis 1978 eine spätgotische Kapelle stand, liegt das *ev. Gemeindezentrum.* Die Wirtshäuser des 18. Jh. am *Kirchplatz (Nr. 2 und 8)* markieren den geselligen Mittelpunkt des Ortes.

Leutenbach-Gollenhof

Der heute stark veränderte *Gollenhof* war ursprünglich ein Meierhof aus dem 16. Jh. Auf das noch erhaltene steinerne Erdgeschoß dieses Baus wurde im 18. Jh. der Fachwerkstock aufgesetzt.

Leutenbach-Heidenhof

Der Hofname geht auf römische Mauerreste zurück, die aber nirgends mehr sichtbar sind. Von den Fachwerkhäusern des frühen 19. Jh. ist das *Haus Nr. 9* mit der Scheuer besonders gut erhalten. Am Eckpfosten sind Schnitzereien angebracht.

61 Korb-Steinreinach. Der Turm der ehem. Wallfahrtskirche St. Wolfgang von 1487/88 mit einem Mauerrest des Schiffs

62 Leutenbach. Das Pfarrhaus von 1907

Leutenbach-Weiler zum Stein

Am Hochufer des Buchenbachs entwickelte sich die Haufensiedlung um den Ortskern von Pfarrkirche, Pfarrhaus und Zehntscheuer. Die *ev. Pfarrkirche St. Petrus* geht ins 11. Jh. zurück. Der erhaltene Bau stammt von 1456. Im 18. Jh. kam es zu den nach wie vor sichtbaren Veränderungen sowohl im Äußeren (1732 wurden die Schiffswände

63 Leutenbach-Weiler zum Stein. Ev. Pfarrkirche. Notenpult aus der Mitte des 17. Jh.

erhöht) als auch im Inneren (Einbau einer Täferdecke und der Empore). Von der Ausstattung der Kirche sind der Sakristeischrank von 1652 (aus derselben Zeit stammt auch das Notenpult) und das um 1500 geschaffene Altarkreuz besonders erwähnenswert. Westlich des *Pfarrhauses* von 1743 (mit Teilen von 1589) liegt die *Pfarr- und Zehntscheuer* von 1733, die jüngst zum Gemeindezentrum umgebaut wurde.

Liemersbach → Großerlach
Lindental → Rudersberg
Mannenweiler → Großerlach
Maubach → Backnang
Menzlesmühle → Kaisersbach
Mettelberg → Murrhardt
Meuschenmühle → Alfdorf
Michelau → Rudersberg
Mittelbrüden → Auenwald
Mönchhof → Kaisersbach

MURRHARDT

Der heutige Stadtgrundriß Murrhardts ist das Ergebnis des planmäßigen Wiederaufbaus nach dem verheerenden Stadtbrand von 1765. Planarchivalien machen jedoch deutlich, daß das Klostergebäude und die Stadtkirche vom Brand weitgehend verschont blieben.
Die Geschichte Murrhardts geht bis in die Römerzeit zurück, was im Carl-Schweizer-Museum an Funden und Modellen anschaulich dargestellt ist. Ca. 150 n. Chr. wurde das Kastell Murrhardt angelegt, das heute weitgehend durch den Südteil der Stadt überbaut ist. Nach dem Einfall der Alamannen und Franken kam es im 7. Jh. zu einer Neubesiedlung des Murrhardter Gebiets. 816/17 gründete der Einsiedler Walterich ein Benediktinerkloster, das seine Existenz einer Stiftung Ludwigs des Frommen verdankte.
In Lehensbestätigungen vom 7. Oktober 1328 und 14. Juni 1332 wird Murrhardt als Stadt erwähnt, doch die Erhebung zur Stadt erfolgte schon 1288. Durch die Reformation und die Folgen des Dreißigjährigen Krieges verlor sowohl das Kloster als auch die Stadt an Bedeutung. Am 17. August 1765 zerstörte ein gewaltiger Brand die Stadt fast vollständig. (Im Totenbuch heißt es am 25. Oktober 1765: »... da nicht ein einziger Bau in der ganzen Stadt gerettet worden«.) Der Wiederaufbau wurde nach Plänen des Baumeisters Johann Adam Groß II aus dem Jahr 1766 betrieben, die von der Bevölkerung eine Anlehnung an den mittelalterlichen Stadtgrundriß verlangten.

64 Murrhardt. Die in romanische Zeit zurückreichende ev. Stadtkirche, ehem. Benediktinerabteikirche

Richtungweisend für die Geschichte und die Entwicklung der Stadt war die Gründung der Benediktinerabtei. Heute noch weist die Straßenbezeichnung »Klosterhof« auf die Vergangenheit des Platzes hin, obwohl die nur noch einzeln vorhandenen Gebäude keinen Gesamteindruck der Klosteranlage mehr vermitteln können. Mittelpunkt des ehem. Klosters ist die *ev. Stadtkirche,* die ehem. Klosterkirche St.

Januarius und Maria. Der 820/25 errichtete karolingische Bau war zunächst einschiffig mit quadratischem Sanktuarium und zwei rechtekkigen Nebenräumen. Rege Bautätigkeit im 11. und 12. Jahrhundert führte zu verschiedenen Veränderungen, darunter der Einbau einer Krypta. Baukünstlerischer Höhepunkt war der Anbau der Walterichskapelle um 1225–1230. Mit dem Neubau von Westchor, Sakristei und Querhaus im Jahr 1434 entstand das heutige Erscheinungsbild der Kirche. Veränderungen des 17./18. und 19. Jh. beschränkten sich im wesentlichen auf die Ausmalung. Nach dem Stadtbrand kam es 1786 zu einer größeren Erneuerung durch J. A. Groß II. Entscheidende Veränderungen des Innenraums nahm Christian Friedrich Leins in den Jahren 1872/73 vor. Nach umfangreichen Grabungen wurde 1974 das Kircheninnere durch den Architekten Peter Haag neu gestaltet. Dabei wurden die Tafelbilder des ehem. Altarretabels, wohl um 1496 geschaffen, an der Kirchenwand aufgehängt und die Figur des hl. Januarius (um 1440/50) von der Westwand des Nordturms in den nördlichen Kreuzarm versetzt. Im Kircheninneren ist noch eine Anzahl von Grabplatten aus dem 14.–18. Jh. erhalten.
Als Kleinod spätromanischer Baukunst und als Wahrzeichen der Stadt Murrhardt ist die *Walterichskapelle* weit über die Landesgrenzen hinaus bekannt. Sie dürfte zwischen 1225 und 1230 entstanden sein; in Bauform und Bauplastik sind rheinische Einflüsse erkennbar. Es handelt sich um einen klassischen spätromanischen Baukörper mit strenger, geometrischer Bindung der Bauornamentik. In der Apsis ist die figürliche Gliederung besonders reichhaltig, und gerade hier hat die Bauplastik der Romanik ihren Höhepunkt. Bei der Renovierung der Walterichskapelle wurde ein Übermaß an Originalteilen ausgewechselt, die heute im Carl-Schweizer-Museum zu sehen sind.
Zum ehem. Benediktinerkloster gehört das erhaltene *Konventsgebäude* (Refektorium) mit *Fürstenbau* und *Kreuzgang*. Beim sog. Fürstenbau haben neuere wissenschaftliche Untersuchungen die hochromanische Herkunft bestätigt. Von den Gebäuden des äußeren Klosterhofs sind die 1770 erbaute *ehem. Prälatur,* jetzt ev. Pfarrhaus, und die *ehem. Pfarrscheuer* erhalten. Der sog. *Lange Bau* wurde in den letzten Jahren von seinen häßlichen Anbauten befreit, doch kam es bei tiefgreifenden Eingriffen leider auch zur Zerstörung wesentlicher historischer Substanz. Ursprünglich standen hier die Wirtschaftsgebäude des Klosters, die 1551 abgebrannt sind.
Die südwestlich des Langen Baus gelegene *ehem. Zehntscheuer* beherbergt heute das Feuerwehrgerätehaus und das Stadtarchiv. An der nördlichen Giebelseite ist ein Halbrundschild des Abtes Martin Mörlin aus dem 16. Jh. erhalten.
Auf einem Hügel westlich der Stadt, der zur Römerzeit als Friedhof

65 *Murrhardt. Ev. Stadtkirche. Mittelschiff und Chor*

66 Murrhardt. Walterichskapelle. Das Ostfenster mit zwei Drachenwürgern, um 1225

67 *Murrhardt. Walterichskapelle. Das Westportal*

diente und auf dem durch Grabungen ein römischer Podiumstempel, vermutlich in späterer Zeit als erste Kirche benutzt, nachgewiesen wurde, bestimmt heute die *Walterichskirche* mit dem *ehem. Armenhaus* die Stadtsilhouette von Murrhardt. Der heutige Bau, der seit der Reformation als Friedhofskapelle genutzt wird, geht auf einen spätgotischen Umbau der Zeit um 1450 zurück. Grabungen im Jahr 1963 lassen einen durch Pfostenlöcher identifizierbaren Vorgängerbau aus dem 8. Jh. vermuten; der erste Steinbau kann in der Karolingerzeit (820/30) angesetzt werden. Der romanische Kirchenbau des 11./12. Jh., von dem an der nördlichen Innenwand ein Tympanon und ein Löwenrelief von höchster künstlerischer Qualität erhalten sind, wurde in der Gotik umgebaut, und der Turm erhielt die heute noch dominierende Fachwerkglockenstube. Im späten 18./19. Jh. wurden an der Kirche verschiedene Veränderungen vorgenommen (Vergrößerung der Chorfenster, Bau der Sakristei). Nach Abschluß der Grabung 1964 erhielt die Kirche im Inneren ihr heutiges Erscheinungsbild mit Holzdecke und abgesenktem Boden.

In dem wiederaufgefundenen Grab des hl. Walterich wurden Bruchstücke römischer Reliefsteine gefunden, so u. a. die Darstellung von Romulus und Remus mit der Wölfin (heute im Carl-Schweizer-Museum). Auf die Walterich-Legende verweist der links neben dem Gewände des Westportals eingelassene Opferstock, Teil einer römischen Grabplatte, auf der Walterich gesessen und Kranke geheilt haben soll.

Erwähnenswert sind das Wandtabernakel von 1450 und die in die östliche äußere Chorwand eingelassene Gedenkinschrift für Walterich mit der Jahreszahl 1372. Ebenfalls außen, im nördlichen Winkel von Schiff und Chor, befindet sich der Ölberg, 1525, mit altarschreinähnlichem Aufbau.

Das profane Murrhardt prägt die von Norden nach Süden laufende Hauptverkehrsstraße, durch die sich der gesamte Durchgangsverkehr quält. Bis zum Brand 1765 waren an dieser Straße die Eingänge der Stadtbefestigung durch Tore markiert, die zwar nach dem Brand wiederaufgebaut, im 19. Jh. aber geschleift wurden. Von der alten Stadtbefestigung sind nur noch wenige Reste erhalten, doch läßt sich ihr gesamter Verlauf heute noch am Stadtgrundriß ablesen, da sich die nach dem Brand wiederaufgebauten Häuser an die Stadtmauer anlehnen durften. Dies ist im Bereich der Grabenstraße noch deutlich nachzuvollziehen.

Mittelpunkt der Siedlungsstruktur sowohl vor als auch nach dem Brand ist der Marktplatz mit dem *Rathaus,* das am Ort des Vorgängerbaus von 1558 errichtet wurde. Nach Plänen des Backnanger Stadtwerkmeisters Schwicker entstand es 1784 als dreigeschossiger Bau (die

68 Murrhardt. Walterichskirche. Der Ölberg von 1525

Obergeschosse in Fachwerk). Der *Marktbrunnen* mit dem mehrfach erneuerten Achtecktrog geht auf das Jahr 1580 zurück. Bei der Brunnenfigur handelt es sich um einen sog. »Wäppner«, der die herzoglichen Insignien trägt (Wappen und Marschallstab). Am Marktplatz wurde in jüngster Zeit das Fachwerk mehrerer Gebäude freigelegt, z. B. am Haus *Marktplatz 5*, der ehem. Oberamtei. Die Vielzahl von Fachwerkbauten mit Zierschmuckelementen ist auf den Waldreich-

tum der Umgebung zurückzuführen, der die Tradition des Sichtfachwerkbaus länger am Leben erhielt.
Entlang der Grabenstraße sind insbesondere die *Gebäude Nr. 53* und *45* zu erwähnen. Das Haus Grabenstr. 53 stammt aus der ersten Hälfte des 17. Jh. und ist eines der wenigen Fachwerkhäuser, die den Brand von 1765 überstanden haben. Zur Oberen Vorstadt gehört auch das Haus *Riesbergstr. 1,* das ehem. Gasthaus Germania, das um 1700 erbaut wurde. In den Obergeschossen ist das Fachwerk noch weitgehend unverändert.
Nordwestlich vom Marktplatz, in der Unteren Vorstadt, liegt das ehem. Wohnhaus von Ferdinand Nägele, *Karlstr. 13*. Der Schlosser Ferdinand Nägele war der einzige Handwerksmeister unter den Abgeordneten der Frankfurter Nationalversammlung 1848. Unmittelbar neben dem »Nägelehaus« liegt die *ehem. Posthalterei* von 1820 (heute Hotel Sonne und Post).
Einmalig für den Rems-Murr-Kreis ist die Vielzahl von künstlerisch hochwertigen Wirtshausschildern, die fast alle von der Schlosserfamilie Nägele angefertigt wurden. Besonders erwähnenswert sind *Hauptstr. 1* (Gasthof zum Ochsen), *Helfergasse 1* (Gasthof zur Rose) und *Karlstr. 10* (Gasthaus zum Schwan).
Nördlich der Stadt, am Hang des Hohenstein, bauten die Architekten Paul Schmohl und Georg Staehelin im Jahr 1905/6 für den Ludwigsburger Kommerzienrat R. Franck und dessen Frau eine *Villa* mit Treppenanlage und Park, heute Teil des Altenheims Hohenstein. Die im neubarocken Herrschaftsstil errichtete Villa besitzt im Innern eine noch fast vollständige originale Ausstattung. Diese Sachgesamtheit ist durch geologisch bedingte Erdverschiebungen in ihrer Substanz gefährdet. Westlich der Villa Franck liegt der sog. *Wolkenhof,* der 1873 von dem Tiermaler Heinrich von Zügel erworben wurde und ihm zeitweilig als Atelier diente.
Die *Rümmelinsmühle* an der Straße nach Siegelsberg wurde 1799 erbaut und ist noch heute als Mahlmühle in Betrieb. Im Schlußstein über dem Scheitel des Bogens ist das Relief einer männlichen Büste mit einem Vogel auf dem Kopf erkennbar, das ein Spottbild gegen üble Nachrede darstellen soll.

Murrhardt-Fornsbach

Fornsbach, 1376 erstmals erwähnt und bis 1504 in löwensteinischem Besitz, wurde 1848 von einer Feuersbrunst zerstört. Durch Artilleriebeschuß im Zweiten Weltkrieg brannte die im Kern noch romanische Chorturmkirche aus. Für den 1950/51 errichteten Neubau der *ev. Pfarrkirche St. Mauritius* wurde das noch stehende Mauerwerk mit

69 *Murrhardt. Wirtsschild des ehem. »Gasthauses zum Waldhorn«*

70 Murrhardt. Die ehem. Villa Franck am Hang des Hohenstein, 1905/06

Turmgewölbe abgebrochen. In der *Marktstraße* sind noch einige Bauernhäuser des 18./19. Jh. erhalten.

Murrhardt-Hausen

Die alten Höfe der einstigen Streusiedlung sind durch Umbauten stark verändert, so auch das *Haus Nr. 25,* an dem eine Steintafel mit einem Sinnspruch von 1821 erhalten ist.

Murrhardt-Hintermurrhärle

Am *ehem. Schulhaus* von 1857, das an der Markungsgrenze zu Vordermurrhärle steht, ist das Glockentürmchen erhalten, das zur Schule läutete.

Murrhardt-Hördter Mühle

Die *ehem. Mahl- und Sägmühle* liegt in der Trauzenbachschlucht, unterhalb des Hördthofes. In dem wiederaufgebauten Mühlengebäude ist das Müllerwappen mit der Jahreszahl 1763 erhalten.

Murrhardt-Kirchenkirnberg

Ebenso wie in Fornsbach wurde auch in Kirchenkirnberg in den letzten Tagen des Zweiten Weltkriegs die 1845 erbaute *ev. Pfarrkirche* zerstört. Neben der verändert wiederaufgebauten Kirche liegt das 1796 erbaute *Pfarrhaus.*

Murrhardt-Klingen

Die *ehem. Mahlmühle* von 1809 wurde zwar stark erneuert, besitzt aber noch ein oberschlächtiges Holzrad.

Murrhardt-Köchersberg

Am Ortseingang liegen die beiden gleich erbauten *Bauernhäuser Nr. 1* und *Nr. 6.* Die Fachwerkhäuser von 1802 sind noch weitestgehend original erhalten, doch ist das Haus Nr. 1 vom Abbruch bedroht.

Murrhardt-Mettelberg

Im Weiler Mettelberg gibt es außer dem *Gasthaus zur Rose,* einem Fachwerkbau von 1861, noch zahlreiche Bauernhäuser des frühen

19. Jh. Die am Otterbach gelegene *ehem. Schloßmühle,* eine ehem. Mahlmühle von 1728/29, ist heute zu einem Wohnhaus ausgebaut, besitzt aber noch das hohe Erdgeschoß der Mahlmühle.

Murrhardt-Oberneustetten

Das *Bauernhaus Nr. 1,* ein gestelztes Wohnstallhaus des 18. Jh. mit einer klaren Fachwerkgliederung, ist ein Beispiel für die Formensprache des ausgehenden Barocks.

Murrhardt-Siegelsberg

Der in einem Seitental gelegene Ort hat seinen dörflichen Charakter bewahrt, obwohl viele Bauernhäuser nicht mehr landwirtschaftlich genutzt werden. Die meist gestelzten Wohnstallhäuser des Straßendorfes wurden entlang der *Seebachstraße* gebaut. Einige Häuser, z. B. *Nr. 40* und *48,* stammen noch aus dem 16. Jh., die meisten Höfe entstanden jedoch Ende des 18./Anfang des 19. Jh. Durch gezielte Dorferneuerungsmaßnahmen konnten die Gebäude erhalten und eine sinnvolle Straßenbauplanung durchgeführt werden.

Murrhardt-Unterneustetten

Unter einer großen Zahl von Bauernhäusern des 18. Jh. ist das 1723 erbaute *Haus Nr. 4* besonders hervorzuheben, da hier ein schön verziertes Barockfachwerk erhalten ist.

Necklinsberg → Rudersberg
Neustadt → Waiblingen
Oberberken → Schorndorf
Oberbrüden → Auenwald
Oberndorf → Rudersberg
Oberneustetten → Murrhardt
Oberschöntal → Backnang
Oberweissach → Weissach
Oeffingen → Fellbach
Öschelbronn → Berglen
Oppelsbohm → Berglen

OPPENWEILER

Die alte Handelsstraße Backnang–Sulzbach–Schwäbisch Hall und das in der Talaue gelegene Schloß der Herren von Sturmfeder prägten den Ort Oppenweiler.
Das *Schloß* der Sturmfeder (heute Rathaus) geht auf eine Wasserburg zurück, die für den Schloßbau von 1783 abgerissen wurde. Um die Insel mit dem Schloß wurde später ein Schloßpark angelegt. Der Heidelberger Baumeister Joh. Andreas Traitteur fertigte die Pläne für das im klassizistischen Stil erbaute Gebäude. Schon bald traten Baumängel auf, so daß 1854 eine umfassende Außen- und Innenerneuerung durchgeführt werden mußte. An der westlichen Uferseite des Schlosses sind noch die ehem. Wirtschaftsgebäude des Schlosses erhalten.
Die um 1460/70 erbaute *ev. Pfarrkirche St. Jakobus d. Ä.*, Grablege der Sturmfeder, liegt erhöht über dem Schloß, direkt an der Straße. Sie wurde 1878 stark umgebaut. 1873/74 wurde nördlich der Kirche das *Pfarrhaus* im Kameralamtsstil errichtet, das den Kirchenumbau von 1878 stilistisch beeinflußte. Das heutige Innere der Kirche geht auf den Umbau 1973–1975 zurück, bei dem auch die spätgotischen Wandmalereien freigelegt wurden. Im Kircheninneren ist eine Fülle von Epitaphien, heraldischen und figürlichen Grabplatten der Sturmfeder aus der Zeit des 14.–18. Jh. erhalten. Das Altarretabel im Chor stammt aus der Zeit um 1470.
Die Fachwerkhäuser an der *Hauptstraße* entstanden in der zweiten Hälfte des 18. Jh. Zwischen Hauptstraße und Schloß gibt es noch einige einfache Bauern- und Handwerkerhäuser der Zeit um 1800. An der Hauptstraße liegen mehrere große Gasthäuser mit reichverzierten Auslegern, z. B. das *Gasthaus zum Einhorn,* 1806 (Nr. 55), und das *Gasthaus zum Hirsch* (Nr. 81).

Oppenweiler-Reichenberg

Die über Oppenweiler auf einem Berghang zwischen Murr und Tierberg gelegene *Burg* wurde 1225/30 durch Markgraf Hermann V. von Baden erbaut. Von der Ringgadenanlage sind Bergfried und Ringmauer fast vollständig original erhalten. Das in die Burganlage eingebaute Schloß stammt von 1556/62. Die Burg ging 1930 an die Ev. Gesellschaft über und dient seither als Landheim für Frauen und Mädchen.

71 Oppenweiler. Das ehem. Schloß der Sturmfeder von 1783, heute Rathaus

72 Oppenweiler. Ev. Pfarrkirche. Epitaph für Friedrich Sturmfeder († 1555) und Margarete von Hürnheim († 1558) von Sem Schlör

73 Oppenweiler. Burg Reichenberg

74 *Oppenweiler. Innenhof der Burg Reichenberg*

Oppenweiler-Zell

In dem kleinen Ortsteil Zell, als Hof schon im 14. Jh. erwähnt, gibt es noch einige *Bauernhäuser* des frühen 19. Jh. mit unverputzten Fachwerkgiebeln.

Pfahlbronn → Alfdorf

PLÜDERHAUSEN

Noch heute zeigt die historische Bebauung die beiden Siedlungen, die der Ort ursprünglich umfaßte: eine an den Remsfurten entstandene Siedlung nördlich und südlich des Flusses und die höher gelegene, an der Straße sich ausbreitende Siedlung um Kirche, Schule und Widumhof.
Die *ev. Pfarrkirche St. Margarete,* eine spätgotische Chorturmkirche (zweite Hälfte des 15. Jh.) mit 1804 erbautem Schiff, ist mit Pfarrhaus und ehem. Schule (nördlich der Kirche) der Kernbereich der nördlichen Siedlung, die heute wegen veränderter Straßenführung und einer Reihe von Neubauten nur noch schwer auszumachen ist. An der alten Remsfurt liegen die Gasthäuser *Goldener Löwe* (Remsstr. 30) und *Zum Adler* (Schloßweg 1), die beide aus dem 18. Jh. stammen.
Vermutlich zur Überwachung der Flußzölle wurde das *alte Rathaus* direkt zwischen den Furten errichtet. Das im Kern aus dem 16. Jh. stammende Fachwerkhaus hat im Inneren Gefachausmalungen. Im Erdgeschoß ist das alte Ortsgefängnis erhalten. Das *neue, heutige Rathaus* (Schulstr. 31) wurde 1914/15 im Jugendstil erbaut und hat im Sitzungssaal ein Glasgemälde aus der Erbauungszeit, auf dem u. a. das alte Rathaus abgebildet ist.

Plüderhausen-Walkersbach

Von der ehem. Glashütte, die schon 1508 mit einem Hüttenmeister erwähnt wird, ist heute leider nichts mehr vorhanden. Für die angesiedelten Glasbläser und Hüttenarbeiter wurde im 16. Jh. eine Kapelle, Filialkapelle von Urbach, gebaut, die 1634 niederbrannte, jedoch 30 Jahre später wieder aufgebaut wurde. Baufällig geworden, mußte sie 1809 durch den heutigen Bau der *ev. Kirche* ersetzt werden.

Reichenberg → Oppenweiler

75 *Plüderhausen. Das alte Rathaus aus der Mitte des 16. Jh.*

REMSHALDEN

Wie Weinstadt und Kernen ist auch Remshalden 1974 im Zug der Gemeindereform neu entstanden. Der Verwaltungssitz ist auf Grunbach und Geradstetten verteilt. Durch starke Besiedlung sowohl des Tals (hier insbesondere Industrieansiedlungen an der B 29) als auch der Hanglagen sind die Ortsteile Geradstetten, Grunbach und Hebsack schon weitgehend zusammengewachsen.

Remshalden-Buoch

Die hoch über dem Remstal gelegene Ortschaft Buoch ist heute ein beliebter Ausgangspunkt für Wanderungen in den »Berglen«. Schon im 19. Jh. war der Ort als Luftkurort bekannt.
Die *ev. Pfarrkirche St. Sebastian,* ein spätgotischer Bau mit romanischem Turmunterstock, bildete mit dem Pfarrhof den östlichen Abschluß des alten Dorfes Buoch. Der nördlich davon gelegene Friedhof, an der Mauer 1741 datiert, war für eine Gemeinde wie Buoch ungewöhnlich groß. Dies hängt damit zusammen, daß die Urpfarrei Buoch Einzugsgebiet für die Berglen war. Das östlich der Kirche gelegene *Pfarrhaus* stammt von 1732 und bildet mit Schulhaus und neuem Gemeindehaus das heutige Ortszentrum.
Durch den Ausbau der Durchgangsstraße Grunbach–Winnenden hat der im 19. Jh. für die Erschließung herrschaftlicher Villen ausgebaute Ortsweg Eduard-Hiller-Straße/Steinacher Straße an Bedeutung verloren. Das *ehem. Gasthaus zum Hirsch,* ursprünglich 1784 als Forsthaus gebaut, war 1890–1960 Gasthof für Pensionsgäste. Das vom Abbruch bedrohte Gebäude wurde zum Heimatmuseum umgebaut und zeigt u. a. die Funde der Grabungen bei der Kirche. Die Gebäude *Eduard-Hiller-Straße 16* und *20* sind Landhausvillen des 19. Jh., an der Hangkante über dem Remstal gebaut. Eduard Hiller (1818–1902), der bekannte schwäbische Mundartdichter, wohnte ab 1869 in dem Haus Nr. 20 und gehörte zu den Gründern des Dichterkreises, der sich bis in die Zeit des Zweiten Weltkriegs im Gasthof Hirsch traf. In der Verlängerung der Eduard-Hiller-Str. ist an der östlichen Hangkante noch das sog. *Landhaus Bimini* (Steinackerstr. 18) zu erwähnen, das um 1900 erbaut wurde. Gegenüber den biedermeierlichen und spätklassizistischen Villen der Eduard-Hiller-Str. haben wir hier ein Beispiel für das historisierende Bauen des 19. Jh.
An der Ortsdurchgangsstraße liegen noch einige *Bauernhäuser* aus dem frühen 19. Jh.

76 *Remshalden-Buoch. Die spätgotische ev. Pfarrkirche*

Remshalden-Geradstetten

Das heutige Geradstetten ist durch die Siedlungsstrukturen des 19. Jh. geprägt, die vor allem vom Bau der Eisenbahnstrecke (1861) bestimmt wurden. Trotzdem hat Geradstetten einen noch weitgehend intakten Ortskern mit Weingärtnerhäusern aus dem 17. Jh.
Als »Gerhartstetin« (Hofstätte des Gerhart) wird der Ort 1238 erstmals urkundlich erwähnt. 1359 wird eine Kapelle genannt, die zur Pfarrei Winterbach gehörte und an die Pfarrkirche Schorndorf angeschlossen war. Dieser Kapelle folgte 1491 ein Neubau, die heutige *ev. Pfarrkirche St. Konrad.* Sie wurde als spätgotische Chorturmanlage gebaut und bildet mit Pfarrhaus, ehem. Schule und Oberer und Unterer Kelter nach wie vor das Ortszentrum. Das heutige Erscheinungsbild des Kircheninneren geht auf eine Erneuerung in den Jahren 1951–1959 zurück. Damals konnten auch die Wandmalereien im Schiff und im Chor freigelegt werden.
Das mächtige *ehem. Pfarrhaus* (mit Waschhaus) nördlich der Kirche (Kirchgasse 24) wurde 1746 von Johann Adam Groß I erbaut.
An der direkt auf die Kirche zuführenden Glockengasse liegen die beiden großen Keltern, die *Untere Kelter* (Glockengasse 5) und die *Obere Kelter* (Glockengasse 6). Beide stammen aus der Mitte des 18. Jh.. Die Obere Kelter, die einen bemerkenswerten Dachstuhl mit Hängewerk aufweist, ist unverändert, während in die Untere Kelter das ev. Gemeindezentrum eingebaut ist.
Die Bedeutung der ehemals wichtigen Landstraße Stuttgart–Schorndorf–Nürnberg (heute abgelöst von der B 29) ist noch an den stattlichen Gasthöfen in der Hauptstraße ablesbar. Das *Gasthaus zur Krone* (Obere Hauptstr. 2) wurde im 18. Jh. am Ort einer Hofstelle des 16. Jh. errichtet. In der Unteren Hauptstr. besitzt das 1766 datierte *Gasthaus zum Ochsen* (Nr. 7) noch den originalen schmiedeeisernen Ausleger. Das *Gasthaus Traube* (Schmalzgasse 13) ist ein guter Fachwerkbau von 1792.
Als giebelständige Randbebauung des verdichteten Dorfkerns haben sich in der Hirschgasse und der Unteren und Oberen Hauptstraße noch große Weingärtnerhäuser aus der Zeit vor dem Dreißigjährigen Krieg erhalten. Hervorzuheben sind die Gebäude *Hirschgasse 4, 5, 10* und *Untere Hauptstr. 10, 10/1* und *12*. Es handelt sich um ein- bis zweigeschossige Fachwerkhäuser, auf einem massiven Sockel oder Erdgeschoß über einem großen Gewölbekeller errichtet, der meist den ganzen Hausgrund einnimmt. Bemerkenswert sind auch die teilweise unterkellerten Scheunen am Ortsrand, die noch aus dem 16. Jh. stammen. Die Scheune in der *Rathausstr. 12* ist noch vollständig in der Konstruktion des frühen 16. Jh. erhalten.

77 Remshalden-Geradstetten. Die ev. Pfarrkirche aus dem späten 15. Jh. Inneres nach Osten

78 *Remshalden-Geradstetten. Fachwerkhäuser in der Schmalzgasse, darunter das Gasthaus »Traube« von 1792*

Neben den großen Höfen und Gasthäusern Geradstettens sind die dazwischenliegenden Seldnerhäuser nicht nur Maßstab ländlichen Bauens, sondern sie zeigen auch die sozialen Schichtungen und die damit verbundene differenzierte Rechtsstellung der ländlichen Bevölkerung des Mittelalters. Erhaltene Beispiele dieser Seldnerhäuser sind die Gebäude *Untere Hauptstr. 39* und *Rathausstr. 6*.

Remshalden-Grunbach

Das historische Grunbach liegt zwischen der Reinhold-Maier-Straße, der Kirche und der in Nord-Süd-Richtung verlaufenden Olga- bzw. Schillerstraße. Das Ortszentrum entwickelte sich um die erhöht liegende Kirchhofanlage, während sich an der alten Landstraße Nürnberg–Schorndorf–Stuttgart, heute Reinhold-Maier-Straße, die Gasthöfe ansiedelten, darunter das *Gasthaus zum Hirsch* (1610).
Der Ort wird 1245 mit Gütern des Stifts Backnang erwähnt, doch schon 1142, anläßlich der Nennung des Ortsadeligen Konrad von Coronbach, wird Grunbach erstmals genannt. 1480 verkaufte Graf Eberhard V. von Württemberg als Vogt des Stifts Backnang den Klöstern Lorch und Heidenheim den Zehnten mitsamt den Keltern. Nach der Reformation wurde Grunbach württembergisch.
Die *ev. Pfarrkirche St. Dionysius,* die noch heute vom alten Kirchhof, dem ehemaligen Friedhof, umgeben ist, überragt den gesamten Ort. Sie wurde 1481 als spätgotische Chorseitenturmanlage gebaut. Als wichtigste Umbauphase sind die Umbauten durch Christian Friedrich Leins von 1863 zu erwähnen, der u. a. die außen liegenden Treppenhäuser entfernen ließ, den Fenstern gotisches Maßwerk gab und die flache Decke durch eine Gipstonnendecke ersetzte. Bei einer Umgestaltung durch Heinrich Dolmetsch 1905 wurde die Kirche neu ausgemalt und ein für die Zeit typischer Terrazzoboden eingebaut. Der heutige Innenraum geht auf eine umfangreiche Erneuerung im Jahr 1964 zurück, bei der die gegipste Decke durch eine hölzerne ersetzt wurde. Von der Ausstattung ist die spätgotische Sakristeitür und das vermutlich aus dem frühen 16. Jh. stammende Altarkreuz erwähnenswert.
Bau- und ortsgeschichtlich interessant ist das sog. *Karräsperle,* der Ortsarrest, der in die Kirchhofmauer eingebaut ist. Neben der Tür ist ein vergittertes Fenster eingelassen (Riederer 1897: »... so daß die Arrestanten immer durch ein eisernes Gitter von den Leuten angesehen werden konnten!«). In die Stützmauer des Kirchhofs sind sechs *Sandsteinkreuze* eingelassen, vermutlich spätgotisch.
Zusammen mit der Kirchhofanlage bilden Pfarrhaus, Rathaus, altes Schulhaus und der unterhalb liegende Brunnen das Ortszentrum. Das

79 Remshalden-Grunbach. Das »Karräsperle« (Ortsarrest) in der Kirchhofmauer, 18. Jh.

80 Remshalden-Grunbach. Der »Gasthof zum Hirsch« von 1610

Pfarrhaus wurde 1716/17 errichtet. An der Nordseite des Kirchplatzes liegt das im Kern vermutlich aus dem 16. Jh. stammende *Rathaus,* das 1769 an der Giebelwand erweitert wurde. Für eine zusätzliche Nutzung als Schule wurde es 1816 umgebaut. Südlich, unterhalb der Kirche, steht der große, in barocken Formen errichtete *Brunnen* von 1746.
An der Schillerstraße, dem westlichen Ortsrand, stehen die drei *Keltern* von Grunbach. Sie wurden im 18. Jh. unter Wiederverwendung älterer Holzteile erbaut, sind aber heute stark verändert. Der ehemals über der Kirche aufgestaute Grunbach trieb drei Mühlen an, von denen heute nur noch die *ehem. Getreidemühle* des Johann Knauer, 1830 bezeichnet, erhalten ist (Staigstr. 14). In der gegenüberliegenden *Ölmühle* (Staigstr. 13) ist noch eine große Baumkelter aus dem 18./ 19. Jh. vorhanden.

Remshalden-Hebsack

Im Zusammenhang mit dem Ausbau der Ortsdurchfahrt wurde 1938 die im Ort gelegene Kirche von 1512 abgebrochen und der Platz, heute Lindenplatz, nach Süden ausgeweitet. Die *ev. Pfarrkirche St. Wendelin* wurde 1939–1947 nach Plänen von Rudolf Lempp, bekannt durch den Wiederaufbau von Stuttgarter Kirchen nach dem Zweiten Weltkrieg, als Chorturmanlage oberhalb des Dorfes (Pfarrweg 1) neu erbaut. Aus der alten Kirche stammen noch das Altarretabel von 1512/15 mit qualitätvollen Tafelbildern und die Kanzel.
Vom alten Ortskern sind zusammenhängend noch Gebäude am Lindenplatz und in der Odenwaldstraße erhalten. Das *Gasthaus zum Lamm* (Winterbacher Str. 1) wurde 1792 als Fachwerkhaus an der Landstraße gebaut. Der alte Pferdestall wurde leider abgebrochen. Gegenüber liegt die 1755 errichtete *Kelter,* die an der Rundbogentür zur Winterbacher Str. einen Schlußstein mit Jahreszahl und Hirschstangen (1755 wurde der Ort württembergisch) zeigt.
Sowohl Kloster Gotteszell in Schwäbisch Gmünd als auch Kloster Zimmern im Ries waren in Hebsack begütert. Ein Hof, der ab 1370 in zimmerschem Besitz war, kam nach der Aufhebung des Klosters (Anfang 16. Jh.) an die Grafen von Oettingen, die dort eine Pflege errichteten. Aus dieser Zeit stammt das *ehem. Schlößle* (Geradstettener Str. 14), das 1622 erbaut wurde. In wechselndem Privatbesitz, wurde das Gebäude schließlich 1909 an die Herzogin Wera von Württemberg verkauft, die dort ein Heim der Zufluchtsstätten (Weraheim) einrichtete. 1960/61 wurde es im Inneren wesentlich verändert.

81 Remshalden-Hebsack. Ev. Pfarrkirche. Das Altarretabel von 1512/13

82 Remshalden-Hebsack. Das ehem. Schlößle (Weraheim) von 1622

Remshalden-Rohrbronn

Im Ortszentrum des nördlich von Hebsack gelegenen Fleckens Rohrbronn sind noch das *Rat- und Schulhaus* sowie das *Backhaus* aus dem 19. Jahrhundert erhalten.

Rettersburg → Berglen
Rienharz → Alfdorf
Rietenau → Aspach
Rohrbronn → Remshalden
Rommelshausen → Kernen

RUDERSBERG

Am Ende des von Obstbaumwiesen und aufgelassenen Weinbergen geprägten Wieslauftals liegt an den sich gabelnden Straßen nach Welzheim und Backnang der Ort Rudersberg, der erstmals 1245 bezeugt wird. Noch heute bilden Kirche, Pfarrhaus (ehem. Schloß), ehem. Pfarrhaus und alte Schule das Ortszentrum.
Der Emporensaal der *ev. Pfarrkirche St. Johannes d. T.* wurde 1782 von Johann Adam Groß II an den spätgotischen Chorseitenturm angebaut, der einen zusätzlichen Fachwerkstock erhielt. Bei einer Innenrenovierung 1957/58 wurde der Emporensaal stark verändert.
Nordwestlich der Kirche liegt das *ehem. Pfarrhaus,* das 1633 begonnen und erst 1743 fertiggestellt wurde.
1732 wurde an der Stelle eines Widumhofes das *Schlößle* erbaut, das 1876 zum Pfarrhaus umgebaut wurde. Gemeinsam mit dem *ehem. Amts- und Rathaus* von 1593 bildet es die Kulisse des heutigen Marktplatzes.

Rudersberg-Asperglen

Der Ort war im Mittelalter Besitz des Klosters Adelberg. Heute sind nur noch in der *Brückenstraße* vereinzelt alte Bauernhäuser aus der Zeit um 1800 erhalten.

Rudersberg-Klaffenbach

Unter den Bauernhäusern des 18. Jh. stammt die *Scheuer* Am Schulplatz 2 (vermutlich erste Hälfte 16. Jh.) noch aus der Zeit der am Ort vorhandenen Glashütte, die wie alle dazugehörigen Behausungen abgegangen ist.

Rudersberg-Krehwinkel

Von dem ehem. Hof des Klosters Adelberg steht nur noch die 1567 bezeichnete *Fachwerkscheuer* (Südhalde 12). Einige im Ort erhaltene Bauernhäuser stammen im Kern noch aus dem 16. Jh. (z. B. *im Winkel Nr. 8*).

Rudersberg-Lindental

Die am Ortsrand, am ehem. Weinberghang, gelegene *Kelter* der Schenken von Limpurg wurde 1783 erbaut, wie eine Schrift- und Wappentafel an der Außenwand bezeugt. In der Ortschaft Lindental ist außer einer Anzahl von Bauernhäusern des 18./19. Jh. noch die Limpurgische *Zehntscheuer,* Hägelestr. 15, aus dem 18. Jh. erhalten.

Rudersberg-Michelau

Die *ehem. Ölmühle* am südlichen Ortsrand wurde vor einigen Jahren im Äußeren erneuert, besitzt aber noch die Mühleneinrichtung des 19. Jh.

Rudersberg-Necklinsberg

An der Straße nach Oppelsbohm liegt eine der wenigen erhaltenen *»Gruebstätten«,* eine steinerne Sitz- und Abstellbank für Kopflasten und Rückentragen.

Rudersberg-Oberndorf

Obwohl Oberndorf heute mit Rudersberg fast zusammengewachsen ist, hat es sein Ortsbild als Straßendorf bewahrt. Die zumeist giebelseitig erschlossenen Fachwerkhäuser der *Wieslaufstraße* stammen aus der Zeit um 1600, sind aber durch Um- und Anbauten oftmals stark verändert.

Rudersberg-Schlechtbach

Schlechtbach, Jahrhunderte ein Ort des Weinbaus, des Ackerbaus und der Weberei, besitzt heute nur noch wenige Zeugnisse dieser Geschichte. Im Rathaus ist der Giebelpfosten des alten Rathauses (1707), der einen Tierkopf mit Schnabelrüssel darstellt, aufbewahrt. In der *Stuttgarter Straße* stehen noch einige stattliche Fachwerkhäuser des 17. Jh. mit z. T. ausgeprägten Sichtfachwerkgiebeln. Am südlichen Ortsausgang wurde die *alte Ölmühle* mit noch originaler Ausstattung des 19. Jh. wieder aufgebaut.

Rudersberg-Steinenberg

Der nach dem Abbruch des westlich der Kirche gelegenen alten Rat- und Schulhauses neu gestaltete Kirchplatz wird heute durch den Westgiebel der Kirche, einige giebelständige Sichtfachwerkhäuser und den

83 Rudersberg-Necklinsberg. »Gruebstätte« an der Straße nach Oppelsbohm

Winkelhakenbau des alten Pfarrhauses bestimmt. Die *ev. Pfarrkirche St. Petrus* wurde 1707/8 als dreiseitig geschlossene Emporensaalkirche gebaut, nachdem man die gotische Kirche wegen Baufälligkeit abgebrochen hatte. Im Neubau wurden die gotischen Fensterwände wiederverwendet.
Das *alte Pfarrhaus* von 1461 soll demnächst abgerissen werden. Es geht auf das Kloster Adelberg, die frühere Ortsherrschaft von Steinenberg, zurück und war bis zum Neubau des östlich gelegenen Pfarrhauses 1968 durchgehend Pfarrhaus von Steinenberg. Im 18. Jh. wurde der Bau barockisiert und 1767 durch einen Anbau erweitert. Die gesamte Tragkonstruktion mit Dachstuhl stammt von 1461. Restauratorische Untersuchungen belegen, daß einzelne Räume noch die farbige Ausmalung des 15. Jh. haben. Am nach Westen abfallenden Kirchplatz steht das *Rathaus* (Kirchplatz 1), das 1817 als Schulhaus gebaut wurde. Der Ort hat noch einige gut erhaltene Fachwerkhäuser des 18. und 19. Jh.

Rudersberg-Waldenstein

Die Herren von Waldenstein sind seit der Mitte des 13. Jh. nachgewiesen. Auf einem Bergsporn über dem Wieslauftal entstand im frühen 13. Jh. eine Burg als Ringmaueranlage mit Sechseckbau. *Reste der Burganlage* sind in den vorhandenen Gebäuden, die meist aus dem 18./19. Jh. stammen, erhalten.

Schillinghof → Kaisersbach
Schlechtbach → Rudersberg
Schleißweiler → Sulzbach
Schlichten → Schorndorf
Schloßmühle → Murrhardt-Mettelbach
Schmiden → Fellbach
Schnait → Weinstadt
Schönbronn → Großerlach
Schornbach → Schorndorf

SCHORNDORF

Die heute östlichste Große Kreisstadt des Rems-Murr-Kreises war im 16. Jh., unter Herzog Ulrich, östlichste Stadt des württembergischen Territoriums.
Vermutlich schon im 7. Jh. entwickelte sich eine dörfliche Siedlung im Bereich der späteren Unteren Stadt. 1235 wird der Name Schorndorf

84 Rudersberg-Steinenberg. Die ev. Pfarrkirche von 1707/08 und das zum Abbruch vorgesehene Pfarrhaus von 1461

85 *Rudersberg. Die ehem. Burg Waldenstein, um 1200*

erstmals erwähnt, Mitte des 13. Jh. Graf Ulrich I. von Wirtemberg als Gründer der Stadt östlich des Dorfes bezeichnet. Von einer 1299 bezeugten Stadtmauer sind heute noch Reste erhalten (Beim Brünnele). Diese Reste staufischen Buckelquadermauerwerks lassen jedoch eine Stadtgründung noch in hochstaufischer Zeit (um 1200) vermuten. Die beiden Gründungen – das Dorf »Uff dem Sand« und die im 13. Jh. angelegte Stadt, später Untere Stadt und Obere Stadt genannt – erhielten gegen Mitte des 14. Jh. eine gemeinsame Ummauerung; beide Siedlungskerne sind bis heute im Stadtgrundriß ablesbar. Im Bereich des ehem. Grabens der alten Stadtbefestigung der Oberen Stadt entstanden Rathaus, Kornhaus und Kelter, im südlichen Teil der Marktplatz. In der Oberen Stadt wurden öffentliche und herrschaftliche Gebäude wie das Schloß errichtet, während sich um die Stadtkirche in der Unteren Stadt die geistliche Verwaltung und Schulen niederließen.

Ab 1534 ließ Herzog Ulrich einen Festungsgürtel um das mittlere Neckarland legen. Schorndorf wurde zur Stadtfestung mit einem neuen Schloß als Zitadelle zur Absicherung des Landes nach Osten ausgebaut. Eine Vielzahl von Kapellen und anderen Gebäuden (z. B. die Burg Bürg bei Winnenden) wurde zur Gewinnung von Quadern abgerissen. Noch heute sind Teile der Schloßbastion am Schloßgraben und in der Tiefgarage der Kreissparkasse sichtbar.

1634 brannte Schorndorf nach einer Belagerung und Beschießung fast vollständig ab; die Festung wurde danach modernisiert. 1743 zerstörte ein verheerender Brand die Untere Stadt. Beim Wiederaufbau kam es durch die neuangelegte Neue Straße zu Veränderungen im Stadtgrundriß. 50 Jahre später, 1798, gibt die Herzogliche Kammer bekannt, das Festungswerk »als ganz unnöthig eingehen zu lassen«.

Mit dem Bau der Remstalbahn (1858–1861) begann die wirtschaftliche Entwicklung Schorndorfs. Gewerbe- und Industriebetriebe siedelten sich im Norden der Altstadt, ganz in der Nähe des Bahnhofs, an. Entlang dem östlichen Festungsgraben wurden in der Zeit um 1900 Villen und herrschaftliche Mietshäuser gebaut. Nach dem Zweiten Weltkrieg dehnte sich die Stadt nach Süden, zum Schurwald hin, aus.

Die *ev. Stadtkirche,* ursprünglich Filialkirche von Winterbach, geht ins 13. Jh. zurück. Nach einem Neubau (vermuteter Beginn 1477) erhielt die Kirche das Marienpatrozinium. Dieser Bau kann als einer der wichtigsten spätgotischen Kirchenbauten Süddeutschlands bezeichnet werden. Baumeisterliche Verbindungen (Jakob von Urach) nach Schwäbisch Gmünd und Schwäbisch Hall erklären das Herausrücken des Chors und die damit verbundene »Fassadenwirkung« zum Marktplatz. Als ein Meisterwerk spätgotischer Architektur gilt die nördlich des Chors angebaute Marienkapelle. Das frei gesprengte Netzrippen-

86 Schorndorf. Die spätgotische ev. Stadtkirche, vermuteter Baubeginn 1477

87 *Schorndorf. Ev. Stadtkirche. Inneres nach Osten*

88 Schorndorf. Das ehem. Schloß, 1538 erbaut

gewölbe – in der Reihung einander berührende Kreise – symbolisiert den Stammbaum Christi. An der Westwand erkennt man als Ausgangspunkt des sich in das Astwerk der Rippen verzweigenden Stammbaums die Figur Jesse, aus dem die Büsten von Stammvätern emporwachsen. Eine mit Rosen verzierte Konsole des östlichen Gewölbefelds enthält eine sitzende Maria mit Kind.
Bei der Belagerung 1634 wurde die Kirche in Brand geschossen. Langhaus und Turm brannten völlig aus. Unter dem Einfluß des Ulmer Stadtbaumeisters Joseph Furttenbach d. Ä. wurde das Langhaus entsprechend altwürttembergischem Brauch in einen Emporensaal umgewandelt. Veränderungen von 1768 in Chor, Marienkapelle

und Sakristei hat 1886–1888 Heinrich Dolmetsch stilgerecht korrigiert. Auf Dolmetsch geht auch das heutige Aussehen des Turms zurück. Außer dem 1902/3 neu errichteten Turmoberteil wurden auch Treppenturm und Brautportal erneuert. Ab 1906 wurde das Kirchenschiff sowohl innen als auch außen grundlegend renoviert. Als bedeutende Bauplastik ist das Bogenfeld im Südportal mit Gottvater und den hll. Sebastian und Rochus, um 1500 entstanden, zu erwähnen.

Das *Schloß,* heute Finanzamt, war das zentrale Gebäude in der Oberen Stadt. Die 1538 von einem unbekannten Baumeister fertiggestellte Vierflügelanlage wurde 1834/35 für Beamtenwohnungen und Gefängnis stark umgebaut, wobei die Obergeschosse teilweise erneuert wurden.

Als Verbindung zwischen Oberer und Unterer Stadt hatte der Marktplatz schon immer eine zentrale Bedeutung. Auf dem heutigen Unteren Marktplatz stand bis 1899 die große Kelter. Eigentlicher Marktplatz war (und ist es heute wieder) der Obere Marktplatz. Hier stand bis ins 20. Jh. hinein das Nachtwächterhaus, dessen Fundamente man bei Pflasterungsarbeiten wiedergefunden hat. Das 1634 zerstörte Rathaus aus dem 15. Jh. wurde erst 1726 durch das heutige *Rathaus,* einen dreigeschossigen Rechteckbau, ersetzt. Das Portal mit Balkon, nach Süden zum Markt ausgerichtet, wurde in der Formensprache des Ludwigsburger Schlosses gestaltet. Im Erdgeschoß lag, entsprechend der Tradition mittelalterlicher Rathäuser, die große Markthalle, im ersten Stock die Ratsstube und im zweiten Stock der große Rats- und Bürgersaal. Von der ursprünglichen Ausmalung des Ratssaals sind Teile der Holzvertäferung heute im Heimatmuseum zu sehen. An der nördlichen Erdgeschoßmauer befindet sich seit 1888 das Mosaik mit der Abbildung der »Weiber von Schorndorf«. Unter Anführung von Barbara Walch, der späteren Frau des Bürgermeisters J. G. Künkelin, konnte 1688 die Übergabe der Stadt an den französischen General Mélac, die vermutlich verheerende Folgen gehabt hätte, verhindert werden. Im Wohnhaus von Barbara Künkelin (*Marktplatz 4*) sind 1988 Wandmalereien entdeckt worden.

Direkt an das Haus Marktplatz 4 angebaut ist die *Palm'sche Apotheke,* ein für das württembergische Fachwerkbürgerhaus einzigartiges Beispiel. 1665 war es zunächst als Doppelhaus gebaut worden. Durch das »Darüberstülpen« eines Zwerchhauses wollte man 1696 der Fassade zum Marktplatz eine zusätzliche Betonung geben. Das gemauerte Erdgeschoß stammt von einem Vorgängerbau von 1533, die Kopfkonsolen erhielt es in der Mitte des 17. Jh. 1977 wurde das Fachwerkhaus vollständig abgebrochen; dem neu errichteten Betonbau wurden die Fachwerkfassaden am Marktplatz und an der Johann-Philipp-Palm-Straße wieder vorgeblendet.

89 Schorndorf. Der Obere Marktplatz

90 Schorndorf. Das Rathaus von 1726

91 Schorndorf. Das Haus Hirschgasse 15, um 1700 erbaut, in Konfrontation mit einem Kaufhauserweiterungsbau unserer Tage

92 Schorndorf. Die Häuser Höllgasse 5–9, um 1700 erbaut. Haus Nr. 7 (Mitte) ist das Geburtshaus Gottlieb Daimlers

Der gesamte Obere Marktplatz ist geprägt von Wohn- und Geschäftshäusern des 17./18. Jh. Im *Gebäude Nr. 7* war ursprünglich die Stadtschreiberei untergebracht. Das *Haus Nr. 6* ist ein Wiederaufbau von 1977, bei dem zwei Pfosten mit Schnitzereien von 1660 wieder eingebaut wurden.

Am östlichen Ausgang der Stadt, unweit des Schlosses, heute im Winkel von Johann-Philipp-Palm-Straße und Archivstraße, liegt die ehemals geschlossene Hofanlage des *Hl.-Geist-Hospitals*. Sie umfaßt noch das *ehem. Archiv* (Archivstr. 2), das *ehem. Bindhaus* (Archivstr. 3), die *ehem. Meierei* (Archivstr. 4), den *ehem. Schafstall* (Johann-Philipp-Palm-Str. 8a) und das *ehem. Pfründnerhaus* mit *Hirschbrunnen* (Johann-Philipp-Palmstr. 10). Das Spital wurde in der ersten Hälfte des 15. Jh. gestiftet, doch stammen die meisten überkommenen Bauten aus dem 17./18. Jh.

1483 und 1484 erwarb das Konstanzer Domkapitel östlich des Marktplatzes, in der heutigen *Konstanzerhofgasse 13*, zwei Gebäude. Die 1690 nach dem Stadtbrand wieder aufgebauten Gebäude waren bis ins 19. Jh. Pfleghof. In der Konstanzerhofgasse ist eine Anzahl von Akkerbürgerhäusern aus der Zeit um 1690 erhalten. Typisch für das Ackerbürgerhaus ist, daß Wohn- und Wirtschaftsräume unter einem Dach liegen. Durch Zusammenfassung von Tenne und Ställen, giebelseitig erschlossen, entstanden wegen der Höhendifferenz Halbgeschosse, die durch eine bündige Fachwerkkonstruktion oder eine einheitliche Mauerung mit dem Erdgeschoß zusammengefaßt wurden. Neben der Tenneneinfahrt befindet sich öfters ein rundbogiges Tor mit dem Zugang zum großen Gewölbekeller.

Kaum noch vertreten ist der Typ des Ackerbürgerhauses in der nördlich der Konstanzerhofgasse von Ost nach West verlaufenden Höllgasse. An dem leicht geschwungenen Straßenzug reihen sich giebelständige Fachwerkhäuser, meist als dreigeschossige Wohnhäuser um 1700 erbaut, aneinander. Bedeutung erlangte das *Haus Höllgasse 7*, Gottlieb Daimlers Geburtshaus, in dessen Erdgeschoß ein kleines Museum eingebaut wurde.

Die Untere Stadt, in großen Teilen durch den Brand von 1743 zerstört, wurde beim Wiederaufbau in ihrer Unregelmäßigkeit der Gassen, die man heute noch in der Gegend der Hetzelgasse erkennen kann, weitgehend korrigiert. Außer den Häusern der Wiederaufbauphase (Neue Straße mit Querstraßen) sind in der Römmelgasse noch Fachwerkhäuser im Stil des Ackerbürgerhauses erhalten.

Südlich der Kirche liegt das *Dekanat* (Kirchplatz 1). Es wurde 1682 als Vogtei erbaut und war 1759–1835 Oberamt. Einer anschließenden Reihe giebelständiger Fachwerkbauten des 17. Jh. (im Inneren z. T. mit Ausmalungen) folgt, traufständig zum Kirchenschiff gelegen, die

93 Schorndorf. Die ehem. Lateinschule von 1649/50, heute Heimatmuseum

ehem. Lateinschule, heute Heimatmuseum. Der Bau von 1649/50 wurde auf Teilen der Erdgeschoßmauer eines Vorgängerbaus von 1569 errichtet.

Schorndorf-Buhlbronn

Buhlbronn wird erstmals 1404 in einer Urkunde des Klosters Adelberg genannt. Die mittelalterliche Siedlung erhielt erst 1971 eine Kirche und gehörte bis dahin zur Pfarrei Schornbach. Das *Rathaus* (Hauptstr. 40) war zunächst 1826–1843 ausschließlich Schulhaus, ehe es durch die Aufstockung 1843 zum Rathaus erweitert wurde.

Schorndorf-Haubersbronn

Am Übergang vom Wieslauf- zum Remstal liegt die weit in die Geschichte zurückgehende Siedlung Haubersbronn. Mitte des 13. Jh. kam der größte Teil des Ortes zusammen mit Schorndorf an Württemberg. An der Grenze der Bistümer Augsburg und Konstanz, der Grafschaft Württemberg und des Drachgaus sowie der alten Pfarrsprengel Buoch und Lorch entwickelte sich entlang der Wieslauf das Weingärtner- und Bauerndorf, dessen Ortskern noch heute durch Kirche, Rat- und Schulhaus, Pfarrhof und Schloß gebildet wird.
Die *ev. Pfarrkirche St. Wendelin,* eine spätgotische Chorseitenturmanlage von 1470/80, ist der Nachfolgebau einer kleineren spätromanischen Kapelle. 1727/28 wurde das Schiff erweitert. Der heutige Innenraum geht auf eine Erneuerung von 1958 zurück. An der südlichen Außenwand ist ein spätromanisches Tympanon mit der Darstellung des Lamm Gottes eingelassen. Der neben der Kirche erhaltene *ev. Pfarrhof* (Wieslaufstr. 64–66) besteht aus dem *Pfarrhaus* von 1712, der *Pfarrscheuer* aus der Mitte des 18. Jh. (heute zum Gemeindehaus ausgebaut) und dem *Wasch- und Backhaus.* Nördlich der Kirche liegt das 1773 erbaute ehem. *Rat- und Schulhaus.* Im Storchengäßle 1/3, gegenüber der Kirche, wurde 1573 das *Schloß* erbaut, das 1612 in den Besitz Ulrichs von Gaisberg überging. Das über Steinkonsolen vorkragende ehem. Fachwerkobergeschoß ist heute größtenteils massiv erneuert. Im Erdgeschoß sind alte Öffnungen und zwei Wappentartschen mit der Datierung 1573 erhalten.
Außer den meist an der Wieslaufstraße gebauten Bauernhäusern des 17. Jh. ist in der erhöht liegenden Biegelstraße das *Fachwerkhaus Nr. 18* besonders zu erwähnen, das 1687 vermutlich als Adelssitz erbaut wurde und noch das originale Zierfachwerk der Erbauungszeit besitzt. Eine konstruktive Seltenheit sind die zu den Streben gestellten Fußbänder im ersten Dachgeschoß.
In dem östlich des Dorfes schon 1675 angelegten Friedhof wurde nach einem Entwurf von Heinrich Dolmetsch 1912/13 eine *Friedhofskapelle* gebaut, die den Wechsel des historisierenden Bauens zur Moderne zeigt.

Schorndorf-Oberberken

In dem ehem. rechbergischen Ort wurde 1858 eine Kapelle von 1423 durch die heutige *ev. Kirche,* einen für die Mitte des 19. Jh. typischen protestantischen Kirchenbau mit einem als Apsis angefügten Altarraum, ersetzt. Die Glasfenster im Altarraum (1913) stammen von dem Maler Pfennig.

94 Schorndorf-Schornbach. Die Kelter aus dem 16. Jh.

Schorndorf-Schlichten

Das am Höhenrand des Schurwalds gelegene Schlichten hat in der *Schurwaldstraße* noch einige Bauernhäuser des frühen 18. Jh. Die am alten südwestlichen Ortsrand gelegene *ev. Kirche* geht auf einen spätgotischen Bau von 1469 zurück. Nach der Brandschatzung durch die Franzosen wurde sie 1717 wieder aufgebaut.

Schorndorf-Schornbach

An der Straße in Richtung Winnenden liegt am Rand der Berglen der Ort Schornbach. Kelter und Kirche, am Ortsrand gelegen, prägen noch heute das Ortsbild. In der Form eines Haufendorfes liegen dazwischengestreut Bauern- und Seldnerhäuser des 17. Jh. Die *ev.*

95 Schorndorf-Schornbach. Das verputzte Fachwerkhaus Wengertplatz 3, erbaut um 1600

Pfarrkirche St. Barbara und Katharina ist eine Chorturmkirche aus der Zeit um 1472, die durch spätere An- und Umbauten erweitert wurde. Im Innern ist der Taufstein von 1472 erhalten. Der Kirche zugeordnet ist das 1651 erbaute *Pfarrhaus* mit *Wasch- und Backhaus*. Am südlichen Ortsende liegt die große *Kelter*. Die auf Steinpostamenten aufgesetzte Holzständerkonstruktion stammt aus dem 16. Jh. und zeigt teils verblattete, teils verzapfte Holzverbindungen. Nach derzeitiger Kenntnis handelt es sich um die älteste Kelter im Kreis.
An der *Weißbucher Straße* sind noch einige stattliche Bauernhäuser des 18. Jh. erhalten. Das *Fachwerkhaus Nr. 24* ist das ehem. »Gast-

96 Schorndorf-Weiler. Die spätgotische ev. Pfarrkirche mit Turmoberteil von 1879

haus zum Rößle«, 1799 bezeichnet, das ursprünglich am Ortseingang lag. Das vermutlich um 1600 erbaute Bauernhaus *Wengertplatz 3/5* hat noch ein zum Haus gehörendes Brennhäuschen aus dem frühen 19. Jh.

Schorndorf-Unterberken

In der *Berkener Straße* sind außer einzelnen Seldnerhäusern (z. B. *Nr. 56*) noch einfache, zweigeschossige Bauernhäuser des 18. Jh. erhalten.

Schorndorf-Weiler

Das Bauerndorf Weiler hatte bis ins 15. Jh. wechselnde Besitzer; 1464–1559 war es an das Hl.-Geist-Hospital von Schorndorf verpfändet. Im 19. Jh., mit der Industrialisierung von Schorndorf, entwickelte sich Weiler zu einer Arbeiterwohngemeinde.
Historischer Mittelpunkt ist die spätgotische *ev. Pfarrkirche Hl. Kreuz,* die 1742 nach Norden erweitert wurde. Von der Kirche aus entwickelte sich das Dorf in der Siedlungsform eines Haufendorfs. In der *Pfarrstraße* sind noch Häuser aus dem 15./16. Jh. erhalten, während in der *Winterbacher Straße* die Bauernhäuser aus dem 18. Jh. stammen. Hier liegt auch der *Gasthof Traube* aus dem 17. Jh. An der Ecke Kanal-/Kelterstraße liegt die 1687 erbaute *Kelter,* die heute als Feuerwehrgerätehaus genutzt wird.

SCHWAIKHEIM

Als Randgemeinde von Waiblingen, heute mit S-Bahnanschluß nach Stuttgart, ist Schwaikheim von der Neubebauung der Nachkriegszeit geprägt. Der historische Ortskern um das Rathaus wurde 1693 von den Franzosen niedergebrannt; die höher gelegene Kirche mit Pfarrhaus blieb jedoch verschont.
Die *ev. Pfarrkirche St. Mauritius* wurde 1487/88 am Ort einer aus dem 14. Jh. stammenden Vorgängerkirche als Chorturm erbaut. An den Innenwänden des Schiffs sind heute freigelegte spätgotische Wandbilder sichtbar, u. a. die überlebensgroße Darstellung des Christophorus. Die Ausmalung des Chors stammt aus der Barockzeit. Das östlich der Kirche gelegene *Pfarrhaus* von 1583 ist heute im Inneren stark umgebaut. Von den ehem. bäuerlichen Dreiseithöfen – vom Typ her vergleichbar mit den Höfen auf dem Schmidener Feld – sind nur Einzelbauten erhalten. Noch aus dem 16. Jh. stammt das Wohnstallhaus *Winnender Str. 2.*

97 Schwaikheim. Die spätgotische ev. Pfarrkirche und das Pfarrhaus von 1583

98 Schwaikheim. Ev. Pfarrkirche. Das Epitaph für Schultheiß W. Daur († 1638), seine Frau und seine Kinder

99 *Schwaikheim. Die kath. Pfarrkirche, 1969/70 von den Architekten Otmar Müller und Franz Brümmendorf erbaut, ein Beispiel modernen Kirchenbaus*

Sechselberg → Althütte
Siegelsberg → Murrhardt

SPIEGELBERG

Das im Tal der Lauter gelegene Spiegelberg geht auf die Gründung einer Glashütte zurück. Um den »übelständigen Nahmen Jux« für seine Spiegel nicht führen zu müssen, nannte der Hüttenpächter seine Produkte »Spiegelberg«. Dieser Name ging 1705 auf die Hüttenanlage über. Außer einigen Taglöhnerhäusern sind heute keine Gebäude der Glashütte erhalten.
Die im Ort dominierende *ev. Pfarrkirche* wurde 1843/44 im sog. Kameralamtsstil erbaut. Der Innenraum erhielt sein heutiges Erscheinungsbild bei einer umfassenden Umgestaltung 1958/59. Aus der Gründungszeit der Siedlung stammt das sog. *Weinmannsche oder Große Haus* (Juxer Str. 4), das der Spiegelfabrikdirektor Hummel 1773, noch im Rohbau, verkaufte. Ausgebaut, diente es 1805–1809 als Amtshaus, danach – nochmals umgebaut – ab 1826 als Pfarrhaus.

Steinach → Berglen
Steinbach → Backnang
Steinenberg → Rudersberg
Steinreinach → Korb
Stetten → Kernen
Streich → Berglen
Strümpfelbach (Backnang) → Backnang
Strümpfelbach (Remstal) → Weinstadt

SULZBACH a. d. M.

1573 heißt es in einem Gesuch des Grafen Ludwig von Löwenstein: »Zu dem Amt und Pfleg Sulzbach, darin an die 16 Flecken, gehörig ist ein großes Dorf, auch Oberflecken genannt, hat 56 Häuser . . . samt einer Behausung, die ich nach Gelegenheit zu bewohnen pflege.« Der »Oberflecken« ist das Dorf Sulzbach, die »Behausung« das Schloß Lautereck.
Der Ort hat sich in der Siedlungsform eines Haufendorfes um den Kirchhügel entwickelt. Eine Feuersbrunst zerstörte 1753 einen großen Teil des Häuserbestandes. Auch die *ev. Pfarrkirche St. Ulrich* brannte aus, wurde aber sogleich wieder aufgebaut. Die notdürftige Inneneinrichtung wurde 1845/46 erneuert. Nach einem Blitzschlag erhielt der

100 Spiegelberg. Die ev. Pfarrkirche von 1843/44

101 Sulzbach an der Murr. Die ev. Pfarrkirche von 1754 mit ehem. Wehrturm und Kirchstaffel

P

102 Sulzbach an der Murr. Schloß Lautereck aus dem 16. Jh.

Kirchturm 1857 mit einem neuen Oberteil seine heutige Form. Von der ehem. Kirchhofmauer, die den ganzen Kirchhügel umschloß, sind Reste in den östlich der Kirche gelegenen Häusern vorhanden. Am noch bestehenden Zugang von Osten, der Kirchstaffel, ist ein *ehem. Wehrturm* erhalten, der später als Ortsgefängnis diente und heute »Narrenhäusle« genannt wird.
Unterhalb des Kirchbergs liegt eine Anzahl von Fachwerkhäusern des 18. und frühen 19. Jh. Das heutige *Rathaus* wurde 1839 erbaut und war ab 1864 das »Gasthaus zum Ochsen«. Nachdem 1867 das alte Rathaus abgebrochen wurde, hat man das Gasthaus zum Rathaus umgebaut. An einigen Gasthöfen im Ort (z. B. *Zur Sonne,* Backnan-

ger Str. 29, *Zum Ochsen,* Bahnhofstr. 1) sind schöne Wirtshausausleger aus dem 19. Jh., vermutlich aus der Werkstatt der Murrhardter Schlosserfamilie Nägele, erhalten.
Am nordwestlichen Ortsrand liegt das ehem. gräflich-löwensteinische Wasserschloß, *Schloß Lautereck,* das heute von einer Neubausiedlung umbaut ist. Das Hauptgebäude wurde im 16. Jh. als Rechteckbau mit Ecktürmen an der ortszugewandten südöstlichen Traufseite errichtet. Die Giebel wurden im 17. und 18. Jh. erneuert. Der ehem. Schloßgraben ist noch als Vertiefung sichtbar.
Sulzbach besitzt mit der 1983 von Günther Behnisch erbauten *Turnhalle* einen richtungweisenden Sportstättenbau, der im Land bereits Nachahmer gefunden hat.

Sulzbach-Bartenbach

An der *ehem. Mühle* (Hollestr. 18) erinnert ein Besitzerstein mit einem von Löwen gehaltenen Mühlrad an die löwensteinische Ortsherrschaft.

Sulzbach-Berwinkel

In der Streusiedlung sind noch einige – meist am Kellertor datierte – *Fachwerkbauernhäuser* aus dem 18. Jh. erhalten.

103 Sulzbach an der Murr. Die 1983 von Günther Behnisch erbaute Turnhalle

104 Sulzbach-Eschelhof. Das Haus Nr. 6, das ehem. Schulhaus (um 1800), und das Haus Nr. 4 aus dem 18. Jh., jetzt Wanderheim des SAV

Sulzbach-Eschelhof

Von der ursprünglich aus vier Großgehöften bestehenden Rodung sind noch das *ehem. Wohnhaus Wengert,* 1722 bezeichnet, und das *Pächterhaus*, um 1800, erhalten. Bemerkenswert ist der *ehem. Treibsee* (Speichersee zur Holzflößerei) unterhalb der Gebäude.

105 Sulzbach-Schleißweiler. Der Ortskern

Sulzbach-Schleißweiler

An einer Waldklinge am Fuß des Murrhardter Waldes liegt der Ort Schleißweiler, in dem in den letzten Jahren durch Dorfentwicklungsmaßnahmen vieles an alter Substanz wieder hergerichtet wurde. Ortsmittelpunkt ist das *Gemeindebackhaus*. Die verstreuten *Wohnstallhäuser* stammen aus dem 19. Jh. und haben fast ausschließlich unverputztes Fachwerk.

Trauzenbach → Großerlach
Unterbrüden → Auenwald
Unterneustetten → Murrhardt
Unterschöntal → Backnang
Unterweissach → Weissach i. T.

URBACH

Seit dem 15. Jh. ist Urbach in Ober- und Unterurbach unterteilt. Das Zentrum von Oberurbach bildeten das Schlößle und die 1493 geschleifte Burg, beides Sitze des Ortsadels, sowie die Pfarrkirche mit den dazugehörigen Verwaltungsbauten. Die Kirche liegt erhöht und ist mit Widumhof, Zehntscheuer, Rat- und Schulhaus und dem später errichteten Pfarrhaus noch heute Mittelpunkt des Ortes. Tangiert wird dieses Ortszentrum vom alten Hauptweg von der Rems zum Welzheimer Wald, der heutigen Mühlstraße, an dem sich noch einige reichverzierte Fachwerkhäuser des 16./17. Jh. erhalten haben.
Das historische Unterurbach, ein Straßendorf an der wichtigen Landstraße Schorndorf–Schwäbisch Gmünd, hatte nie die Bedeutung von Oberurbach. Erst nach der Trennung von Oberurbach 1819 und dem Bau der Remsbahn 1862 erhielt die Gemeinde zunehmend eigenes Gewicht, das im weithin sichtbaren *Rathaus* von 1889 zum Ausdruck kommt.
Auf dem ehem. befestigten Kirchhof von Oberurbach, der im 19. Jh. als freier Platz mit einer Anbindung an das Pfarrhaus und das Rathaus neu gestaltet wurde, liegt die *ev. Pfarrkirche St. Afra.* Das Patrozinium verweist auf ihre Zugehörigkeit zur Diözese Augsburg. Sie wurde 1509–1512 als Chorturmanlage errichtet (die Jahreszahl ist auf einer Steintafel am Turm überliefert). 1909 fand eine durchgreifende Umgestaltung statt. Der heutige Innenraum geht auf eine Renovierung von 1961/62 zurück, bei der auch die spätgotischen Bemalungen im Chorgewölbe und in den Fenstergewänden freigelegt wurden. Im Schiff sind Reste der originalen Glasfenster der Erbauungszeit erhalten. Künstlerisch ausgewogen sind die Emporenbilder von 1727/28.
Westlich der Kirche liegt neben dem 1710 errichteten *Pfarrhaus* das Urbacher *Rathaus.* Der giebelständige Kernbau stammt von 1659, 1962 wurde traufständig ein Anbau errichtet.
Zum ehem. Anwesen des Klosters Elchingen gehört das *Widumhaus* (Widumstr. 7/9). Es wird schon 1489 erwähnt, ist aber am Keller mit 1528 bezeichnet. Mit Wirtschafts- und Speichergebäude (Mühlstr. 12, Widumstr. 8/10) bildet es den Widumhof, der ursprünglich umfriedet war. In der Südostecke des oftmals umgebauten Gebäudes hat sich eine spätgotische Stube mit Bohlenwand und Fenstererker erhalten.
Giebelständig zur Widumstraße steht die mittelalterliche *Zehntscheuer,* die schon vor 1489 errichtet worden sein muß (Erwähnung im Lagerbuch). Am Nordgiebel ist anschaulich die mittelalterliche Zimmermannskunst mit angeblatteten Streben sichtbar. Der liegende Dachstuhl stammt noch aus dem frühen 15. Jh.
Am nordwestlichen Ortsrand von Oberurbach liegt das *ehem. Schloß,*

106 Urbach. Die spätgotische ev. Pfarrkirche

das 1562–1568 anstelle eines Wasserschlosses der Herren von Urbach errichtet wurde. Lange Zeit in wechselndem Besitz, wurde es ab 1883 als »Anstalt für entlassene weibliche Strafgefangene« genutzt und erhielt 1928 einen Erweiterungsbau. Nach umfangreichen Um- und Abbrucharbeiten soll es ab 1990 als Alterswohnheim genutzt werden. Im weiträumigen historischen Ortskern von Oberurbach hat sich in der Kirchgasse, der Mühlstraße und der Widumstraße eine große Zahl mittelalterlicher Fachwerkbauten erhalten, die z. T. noch aus dem 15. Jh. stammen. Besonders zu erwähnen ist das *Bauernhaus Mühlstr.*

107 Urbach. Das Haus Mühlstraße 11 von 1690 in Oberurbach

12, das im Kern noch Zehntscheuer und Bindhaus des ehem. Widumhofs enthält. In der *Mühlstraße* zeugen einige stattliche Bauernhäuser (*Nr. 45, 50, 54*) vom Wohlstand der Bevölkerung, der sich auch an dem reichen Zierfachwerk ablesen läßt. Ein außergewöhnlich reichverziertes Fachwerk hat das 1690 erbaute *Haus Nr. 11*. Die Ortschronik besagt, daß es ursprünglich als Kelter diente, was jedoch in der Fachwerkkonstruktion nicht belegt werden kann.
Das als Wohnstallhaus errichtete *Bauernhaus Hohenackerstr. 12* gehört sicherlich zum ältesten Hausbestand von Oberurbach und besitzt noch ein vollständig erhaltenes Rauchdach, das früher mit Stroh gedeckt war.

Vaihinghofmühle → Alfdorf

WAIBLINGEN

»Hie Welf! – Hie Waibling!« Dieser Erkennungsruf, der erstmals in der Schlacht von Weinsberg 1140 erklungen sein soll, erinnert noch heute an den herausragenden Rang der ehem. königlichen Pfalz im Land.

Die Besiedlung des Waiblinger Raums geht bis in die Jungsteinzeit zurück (4000–1800 v. Chr.). Während der Römerzeit lag auf der heutigen Gemarkung Waiblingen, unweit von Beinstein, an der wichtigen Heerstraße Cannstatt–Aalen eine der größten und produktivsten Terra-sigillata-Manufakturen im Limesgebiet. Im 9. Jh. erlangte Waiblingen als Sitz eines karolingischen Königshofs Bedeutung. Die königliche Pfalz wird auf dem Höhenrücken inmitten der heutigen Altstadt vermutet, gesicherte Grabungsergebnisse gibt es aber noch nicht. Durch die Ehe Giselas von Schwaben (993–1043) mit dem Salier Konrad II. (990–1039), dem späteren Kaiser, war Waiblingen mit dem Herrscherhaus verbunden. Ende des 11. Jh. gelangte Waiblingen in staufischen Besitz und wurde zu einem der Mittelpunkte im Machtkampf gegen die Welfen. In dieser Zeit wurde es zu einer Feste ausgebaut. Mit der Schwächung der staufischen Macht gelangte Waiblingen an die Grafen von Württemberg. Eine Schenkungsurkunde von 1253 erwähnt Waiblingen mit Stadtrechten. Ende des 13. Jh. wurde die Stadt mit der heute noch weitgehend vorhandenen Stadtmauer befestigt. Zugänge waren das Fellbacher Tor, das Schmidener Tor und das erhaltene Beinsteiner Tor. Zur Überwachung der gefährdeten Westflanke diente der Hochwachtturm.

Unter Graf Eberhard II. wurde Waiblingen im 14. Jh. Amtsstadt. Um die Mitte des 15. Jh. war es mit seiner Stadtburg Aufenthaltsort für die Mitglieder der Grafenfamilie. Der spätere Herzog Eberhard II., Sohn Graf Ulrichs V. von Württemberg, wurde 1447 in Waiblingen geboren. Die Stadtbefestigung wurde zu dieser Zeit ausgebaut, und Waiblingen blühte als Handelsstadt. Im 16. Jh. setzte verstärkt eine Bautätigkeit in den Vorstädten ein. Während des Dreißigjährigen Krieges wurde Waiblingen nach der Schlacht bei Nördlingen von kaiserlichen Truppen besetzt und am 8. September 1634 niedergebrannt. Von 428 gezählten Gebäuden überstanden laut Chronik nur fünf Häuser den Brand. Auf den meist noch erhaltenen massiven Erdgeschossen vollzog sich – bedingt durch den Tod zahlreicher Bürger – der Wiederaufbau nur langsam, so daß der mittelalterliche Stadtgrundriß weitgehend bewahrt blieb. Nicht wieder aufgebaut wurde das württembergische Schloß, dessen Reste als Baumaterial dienten. Im 18. Jh. (ab 1759 Oberamtsstadt) wurde Waiblingen Marktzentrum. Mit der Bildung des Königreichs Württemberg 1806 wurde das alte Oberamt erweitert.

108 Waiblingen. Die spätgotische ev. Michaelskirche

Waiblingen wurde Sitz eines Oberamtsgerichts und erhielt ein Kameralamt. Nach dem Anschluß an die Remsbahn (1861) und die Murrtalbahn (1876) entwickelte sich Waiblingen zu einer Gewerbestadt mit Industrieansiedlungen am Stadtrand. Den Zweiten Weltkrieg überstand Waiblingen ohne nennenswerte Schäden. Städtebauliche Leitideen der sechziger und siebziger Jahre haben in der Altstadt zu den Neubauten Rathaus (1957) und Marktdreieck (1976) geführt.

Südöstlich, auf einem Hügel am Hochufer der Rems außerhalb der Stadtmauer, liegt die *ev. Michaelskirche* (Alter Postplatz 21). Das Michaels-Patrozinium läßt ein hohes Alter vermuten, was bei Grabungen durch aufgefundene Grundmauern eines romanischen Vorgängerbaus bestätigt werden konnte. Der heutige spätgotische Bau wurde 1440/50 mit dem Chor begonnen, dessen Kreuzrippengewölbe aus Bruchstein besteht, während das Netzrippengewölbe des 1480/90 erbauten Langhauses mit Backsteinen gemauert ist. Zwischen den beiden Bauphasen entstand 1459–1463 der Westturm. Baumeister der dreischiffigen Anlage (sog. schwäbische Staffelhallenkirche) waren Hans von Landau (und Ulm, abgebildet in einer Chorbogenwand) und Peter von Lau (Lan). Die Kirche wurde beim Stadtbrand 1634 teilweise zerstört, doch schon 1650–1654 wieder instand gesetzt. Nach mehreren kleinen Veränderungen wurde sie 1866/67 von Christian Friedrich Leins grundlegend restauriert. An der Ostwand des Marienchors befindet sich ein Hochrelief des hl. Michael als Gerichtsengel (um 1470); die umrahmende Bemalung ist 1661 bezeichnet. Von Peter von Lau stammt die Kanzel (1484), deren Korb Reliefs der Kirchenväter nebst Evangelistensymbolen zeigt. Der Kanzeldeckel wurde 1867 gefertigt.

Von der einstigen Wehrkirche mit Kirchhof steht heute außer dem südöstlichen *Wehrturm* noch das sog. *Nonnenkirchle,* das ehem. Beinhaus. Der Name »Nonnenkirchle« geht auf das 1634 zerstörte in der Nähe gelegene Beginenhaus zurück, von dem ein gedeckter Gang zu einem Eingang der zweigeschossigen Kapelle führte. Über der Tür zum Beinhauskeller ist die Jahreszahl 1496 als Erbauungszeit genannt. 1510 wurde die Kapelle eingewölbt; das Netzrippengewölbe ist jüngst nach Befund farbig gefaßt worden.

Als Stadtkirche innerhalb der Befestigung gelegen, geht die *ev. Nikolauskirche* vermutlich auf die ehem. Pfalzkapelle zurück. Der spätgotische Bau (1488?) brannte 1634 aus und wurde ab 1674 innerhalb der vorhandenen Außenmauern in frühbarockem Stil wieder aufgebaut. Das heutige Erscheinungsbild des Inneren geht auf eine komplette Erneuerung in den Jahren 1903–1905 zurück. Die barocke Kanzel stammt von 1676 und dürfte vermutlich von Heinrich Waibel geschaffen worden sein.

109 *Waiblingen. Ev. Michaelskirche. Inneres nach Osten*

110 Waiblingen. Nonnenkirchle. Netzrippengewölbe aus dem frühen 16. Jh.

Südlich an der Nikolauskirche vorbei führt durch das Kapellentor der Weg zur Michaelskirche. Hier beginnt nach Westen der hohe *Befestigungsring* mit *Stadtmauer* und *Zwingermauer*, wie er in diesem Umfang in kaum einer württembergischen Stadt erhalten ist. An der Ostseite der Stadt konnte das Weidachtälchen als »Wassergraben« mitbenutzt werden, und so genügte hier eine Mauer mit überdachtem Wehrgang. Man kann heute noch fast den gesamten Wehrgang abgehen.

Von den ursprünglich vorhandenen drei Stadttoren ist nur der *Turm des Beinsteiner Tors* erhalten. Es ist anzunehmen, daß die heutige Größe des Turmes auf das Jahr 1491 zurückgeht, als eine Stadterwei-

111 Waiblingen. Der Beinsteiner Torturm

terung zur nördlichen Vorstadt beabsichtigt war. Nach Aufgabe der Wehranlage diente der Turm als Gefängnis. »Attempto – 1491« (Ich wag es) – der Wahlspruch im stadtauswärts angebrachten Wappenrelief Graf Eberhards im Bart erinnert an die Glanzzeit der württem-

112 Waiblingen. Der Hochwachtturm mit der restaurierten westlichen Stadt- und Zwingermauer

bergischen Grafen. Der *Hochwachtturm* (Beim Hochwachtturm 5) mit der heute freigestellten westlichen Stadtmauer und Zwingermauer erinnert an die wichtige Verteidigungslinie zum Schmidener Feld. Das untere Quadermauerwerk stammt noch aus staufischer Zeit, das Bruchsteinmauerwerk von einem Neubau um 1506. Zu Beginn stand der Turm frei und wurde erst im 13. Jh. beim Bau der Stadtmauer in die Befestigung eingebunden. Das auf alten Stadtansichten erkennbare Krüppelwalmdach brannte 1863 ab und wurde durch das Zeltdach ersetzt.

Die Innenstadt Waiblingens ist heute durch die Farbigkeit der Fachwerkbauten geprägt, die in den letzten Jahren freigelegt und nach Befund farbig rekonstruiert wurden. Herausragend und bisher einmalig ist die *ehem. Stadtschreiberei,* Kurze Str. 11. Das 1643 erbaute Gebäude diente bis 1819 als Stadtschreiberei. Außer der in ihrer Art bislang einmaligen Marmorierung der Balken und den noch original vorhandenen Arabesken in den Gefachen der südlichen Traufseite sind die stuckierten Decken (1680) im zweiten Obergeschoß, die zu einer grauen Innenfachwerkbemalung stehen, von kunstgeschichtlicher Bedeutung.

Den mittelalterlichen Stadtgrundriß bestimmen die Lange und die Kurze Straße. Sie umschließen die beiden wichtigsten Siedlungskerne, und an ihnen reihen sich wichtige Bürger- und Verwaltungsgebäude. Das *Gebäude Kurze Str. 25* wurde Mitte des 18. Jh. neu erbaut und war bis 1956 ev. Pfarrhaus und Sitz des Dekanats. Derzeit ist dort das Heimatmuseum untergebracht. Daneben liegt der *ehem. Fruchtkasten* der geistlichen Verwaltung (Kurze Str. 27). Bei Renovierungsarbeiten fand man am Putz Reste der heute wiederhergestellten Quaderbemalung, die auf den Umbau der Scheune zu einem Wohnhaus (nach 1715) zurückgeht. Als eines der ersten in der originalen Fachwerkfarbigkeit wiederhergestellten Gebäude hat die *Rathausapotheke* (Kurze Str. 28) einen wichtigen städtebaulichen Rang. Sie wurde 1643 erbaut und ist seit 1650 ununterbrochen Apotheke. Die als Neidkopf mit Löwenmaske ausgebildete Eckkonsole stammt aus der Zeit von Matthias Becker, 1686–1708, der in die Apotheke einheiratete. Am südlichsten Ende der Kurzen Straße liegt die *ehem. Latein- und Realschule* (Nr. 51) von 1754/55, die heute zu einem Wohn- und Geschäftshaus umgebaut ist.

Geht man die Lange Straße in Richtung Marktplatz und Beinsteiner Tor, so erlebt man die ganze farbige Vielfalt der Waiblinger Fachwerkhäuser. Das *Haus Nr. 46,* an der Ecke zur Schmidener Straße (ehem. zum Schmidener Tor führend), war bis 1730 Interimsrathaus. An einem der höchsten Punkte der Altstadt steht das *ehem. Kameralamt* (Nr. 40). Auf den Erdgeschoßmauern eines ehem. Hofes des

113 Waiblingen. Das Haus Kurze Straße 11, die ehem. Stadtschreiberei von 1643

114 Waiblingen. Kurze Straße 28. Eckkonsole mit Neidkopf an der Rathausapotheke, erbaut 1643

115 Waiblingen. Das ehem. Kameralamt, erbaut 1658

Galerie
schuh
mode

116 Waiblingen. Der Marktplatz

Klosters Adelberg wurde das Gebäude 1658 zunächst wieder als Sitz des geistlichen Verwalters errichtet, ehe es 1819–1889 Kameralamt war. Gegenüber reihen sich giebelständige Bürgerhäuser des 18. Jh.
In einer Annäherung von Lange und Kurze Straße liegt als Zentrum der Altstadt der Marktplatz, der in seiner Ausdehnung allerdings durch die Nähe der flankierenden Straßen eingeschränkt ist. Der *Marktbrunnen* stammt von 1688/89. Die Figur der Justitia ist eine Kopie, das Original befindet sich im Heimatmuseum. Gegenüber einer Reihe mächtiger giebelständiger Fachwerkbauten, von denen das *ehem. Oberamtsgericht* (Marktplatz 1), 1690 erbaut, mit frühbarockem Zierfachwerk und zweigeschossigem Erker in der originalen Farbigkeit nach der Freilegung wieder zu bewundern ist, liegt das *Alte Rathaus* (Marktplatz 4). Der Vorgängerbau wurde beim Brand 1634 bis auf die Grundmauern zerstört; der heutige Bau entstand erst 1725/26. Da das Gebäude Lange Str. 46 weiterhin als Verwaltungsbau diente, war der Neubau mit großer und kleiner Ratsstube nur Sitz des Rates.
In den drei Sackgassen, die von der Langen Straße abgehen, steht noch eine Anzahl Fachwerkhäuser mit gemauertem Erdgeschoß und den für Waiblingen typischen Neidköpfen. Derzeit wird das mächtige Fachwerkhaus *Weingärtner Vorstadt 20,* das dendrochronologisch auf 1548/49 datiert ist, zum Heimatmuseum umgebaut. Es zählt zu den ältesten Profanbauten Waiblingens und hat im Inneren eine erhaltene Bohlenstube und reiche Ausmalungen.

Waiblingen-Beinstein

1986 feierte Beinstein das 900jährige Jubiläum der erstmaligen Erwähnung als Ort, die in einer Schenkungsurkunde Kaiser Heinrichs IV. vom 18. Juni 1086 enthalten ist. In dieser Urkunde ist auch der Weinbau bezeugt, der über Jahrhunderte ein Haupterwerb der Dorfbevölkerung war und sich heute noch an den Weingärtnerhäusern im Ortsbild ablesen läßt, obwohl die ehemaligen Rebflächen am Hang über dem Ort einem Neubaugebiet gewichen sind und auch der Ortskern durch störende Geschäftsbauten an Aussage verloren hat.
Die am westlichen Ortsrand gelegene *ev. Pfarrkirche St. Stephanus* ist eine spätgotische Anlage mit ummauertem Friedhof. Der Turmstock geht ins 13./14. Jh. zurück. 1454 wurde mit dem Bau des Chors begonnen, das Schiff ist 1470 datiert. 1622/23 erhielt der Turm einen Glokkenaufsatz, und 1843 wurde der heutige Helm aufgesetzt. Verschiedene Umbauten des 18. und 19. Jh. im Inneren wie im Äußeren der Kirche (Vergrößerung der Fenster, Einbau des Maßwerks) prägen heute die Architektur. Die Wandmalereien im Chor und im Schiff –

117 Waiblingen-Beinstein. Die spätgotische ev. Pfarrkirche. Inneres nach Osten

1921 und bei der letzten großen Innenerneuerung 1954 freigelegt – stammen von 1459 und zeigen u. a. an der östlichen Schildbogenwand ein Bild der Hostienmühle, das 1954 nochmals umfassend restauriert wurde. Die Kanzel und der Deckenstuck mit Reliefmedaillons biblischer Szenen entstanden um 1690. In der Turmhalle sind einige künstlerisch gut gestaltete Epitaphien des 17. Jh. aufgestellt. Östlich, außerhalb des Friedhofs, liegt das *Pfarrhaus* von 1745 mit der dazugehörigen *Pfarrscheuer* und dem *Wasch- und Backhaus.*

Im Ortszentrum, an der alten Landstraße, steht das *Rathaus* von 1582. Das auf einem hohen, gemauerten Erdgeschoß mit Rundbogentor errichtete Fachwerk hat im Giebel noch das ungestörte, reich verzierte Sichtfachwerk des 16. Jh. Im Innern sind die 1680 von Hans Christoph Maurer gemalten Glasscheiben mit den Wappen und Namen der Dorfrichter erhalten. Vor dem Rathaus, in der Abzweigung der Großheppacher/Kleinheppacher Straße, liegt der *Dorfbrunnen,* der nach einem Vorbild des 17. Jh. erneuert wurde. An diesem Platz steht auch das stattliche traufständige *Fachwerkhaus Kleinheppacher Str. 7,* das 1601 als Doppelhaus gebaut wurde.

Bei der Begradigung der Rems im frühen 19. Jh. wurde 1825/26 südlich von Beinstein eine *Brücke* aus gemauerten Sandsteinquadern errichtet, die heute nur noch als Fußgängerbrücke genutzt wird. Etwas östlich davon liegt die schon 1442 erwähnte *Geheime Mühle.* Das heutige Mühlengebäude wurde 1923 nach einem Brand wieder aufgebaut.

Waiblingen-Bittenfeld

Bittenfeld, das seinen Straßendorfcharakter bis heute bewahrt hat, erstreckt sich, dem Kleinwiesenbach folgend, an der Straße nach Marbach. Ortszentrum ist die Bebauung entlang der heutigen Schillerstraße mit ev. Pfarrkirche, Pfarrhof und Rathaus. Bittenfeld wird erstmals 1225 erwähnt, die *Ulrichskirche* 1308 urkundlich genannt, und noch aus dieser Zeit stammen die unteren Teile des Chorturms, der 1591 erhöht wurde. Dazwischen, 1483, wurde das Schiff gebaut. Nach einem Blitzschlag 1790 mußten Chor und Schiff z. T. erneuert werden. Der heutige Innenraum geht auf eine vollständige Erneuerung 1971/72 zurück. Bemerkenswert sind der Schmerzensmann im Gewände des Ostfensters an der Südseite des Schiffs (1510/20) und einige künstlerisch hochwertige Epitaphien des 16./17. Jh.

Die Südseite der Marienkapelle, die 1979 durch Brandstiftung zerstört wurde, ist der letzte Rest der einst großen *Kapelle St. Maria,* 1470/80 erbaut (Schillerstr. 51). Seit der Reformation wurde sie als Scheune genutzt.

118 Waiblingen-Beinstein. Das Rathaus von 1582

119 Waiblingen-Bittenfeld. Der Löwenbrunnen (Kopie des Originals von 1719) und die Alte Schmiede von 1790 mit Teilen von 1716

1719

120 Waiblingen-Bittenfeld. Die mittelalterliche Zehntscheuer

121 Waiblingen-Hegnach. Die spätgotische ev. Pfarrkirche. Inneres nach Osten

In unmittelbarer Nähe der Marienkapelle, am Ortsrand zu Waiblingen, wurde 1598 nach einem Riß von Heinrich Schickhardt das *Schloß* gebaut, von dem Teile der Umfassungsmauern noch in dem Haus *Am Schloßhof 3* enthalten sind. Das Hauptgebäude brannte 1852 nieder. Die historische Bebauung entlang der *Schillerstraße* besteht zumeist aus zweigeschossigen giebelständigen Fachwerkhäusern mit massivem Erdgeschoß des 16. und 17. Jh. Besonders zu erwähnen ist das *Haus Nr. 105,* das Geburtshaus von Johann Kaspar Schiller, dem Vater von Friedrich Schiller. Außer der Kirche und dem an der Schillerstr. gelegenen *alten Rathaus,* das um 1700 erbaut wurde und heute einen Kindergarten beherbergt (Schillerstr. 112), ist noch der östlich der Kirche gelegene *ehem. Pfarrhof* mit der rückwärtig gelegenen mittelalterlichen *Zehntscheuer,* einem Beispiel alemannischer Fachwerkkunst, ortsgeschichtlich wichtig.

Waiblingen-Hegnach

Der kleine Bauernort Hegnach, 1282 erstmals erwähnt, ist heute stark von Neubauten durchsetzt. Nur die Kirche, deren Pfarrhof abgebrochen wurde, zeigt das alte Ortszentrum noch an, in dem heute das ev. Gemeindezentrum mit Kirchensaal einen Schwerpunkt bildet.
Die *ev. Pfarrkirche St. Nikolaus* (Kirchstr. 5) wurde 1487/88 erbaut. Nach einer größeren Innenerneuerung erhielt sie 1719 den Glockenturm (mit jüngst wieder freigelegtem Fachwerk). 1866 ersetzte man die Täferdecke durch eine Gipsdecke, was zur Durchschneidung des Triumphbogens führte. 1910 wurde die – kürzlich restaurierte – Jugendstilausmalung im Chorgewölbe aufgebracht. Eine Konsole des Netzrippengewölbes trägt die Büste des Steinmetzen Peter von Lan (Lau) mit seinem Meisterzeichen und der Jahreszahl 1487.
An der Straße von Remseck (Neckarrems) nach Waiblingen liegt am Ortseingang das sog. *Jägerhaus* (Hauptstr. 1–2), das 1738/40 erbaut wurde, durch neuere Umbauten heute jedoch im Äußeren verändert ist. Von den erhaltenen Bauernhäusern ist das Haus *Am Haldenholz 4* erwähnenswert, da es als Weingärtnerhaus des 18. Jh. noch an die örtliche Weinbautradition erinnert.

Waiblingen-Hohenacker

1350 wird Hohenacker erstmals im Zusammenhang mit einer heute nicht mehr vorhandenen Burg erwähnt. Der Ort liegt östlich von Hegnach über der Rems. Verbunden sind beide Orte durch eine Brücke, an der eine Mühle liegt.
Die *ev. Pfarrkirche St. Katharina und Erhard* (Karl-Ziegler-Str. 31) ist in ihrer heutigen Größe 1488/89 errichtet worden; das Gewölbe der Sakristei weist auf einen Vorgängerbau um 1400 hin. 1740 wurden der Turm und der Innenraum vollständig erneuert. Ende des 19. Jh. erhielt die Kirche eine neue Ausmalung. Einer umfangreichen Außenerneuerung folgte 1984–1986 eine Innenrestaurierung, bei der Teile der Wandmalerei des 15. Jh. freigelegt wurden. In die Malerei eingebunden ist das Altarziborium im südöstlichen Schiffswinkel.
Der ehemals bäuerliche Ort ist heute, nach Straßenbaumaßnahmen und einer ungesteuerten Ortskernsanierung, kaum noch zu erkennen. Industrie- und Neubaugebiete haben die Ortsränder verwischt. Erhalten ist die – allerdings stark veränderte – *Kelter* (Bergstr. 23) von 1757. In der *Karl-Ziegler-Straße* finden sich noch Reste der ehemals großen Hofanlagen (z. B. *Nr. 38, 39*), die in den Quellen als »Lehenhöfe« überliefert sind.

Waiblingen-Neustadt

Neustadt, eine Siedlung um die auf einem Bergsporn gelegene Burg, wurde während der Belagerung Waiblingens 1289 gegründet. 1298 kam sie als »Niuwe Waibelingen« an Württemberg. Eine Stadtmauer, die um die räumlich durch den Bergsporn begrenzte Siedlung angelegt wurde, ist heute noch im Stadtgrundriß ablesbar. Zwischen zwei Straßen, die auf die Spornspitze zulaufen, liegt das Ortszentrum mit der Kirche. Von der an der Spornspitze gelegenen *ehem. Burg* sind nur noch wenige Mauerreste vorhanden.
Die *ev. Pfarrkirche,* eine im Kirchgarten gelegene spätgotische Chorturmkirche (um 1420/30), hatte einen Vorgängerbau aus der Zeit um 1380, von dem der Chor erhalten blieb. Im Inneren der Kirche sind die Ausmalungen beider Bauepochen noch fast vollständig erhalten. Die Wandbilder im Chor, um 1380/90 entstanden, zeigen einen Marienzyklus. Die Malereien im Schiff von 1420/30 stellen die Passionsgeschichte dar. Das heute vor dem östlichen Chorfenster stehende Altarkreuz entstand um 1300.
Der heutige alte Ort zeigt zwar noch die alte Siedlungsstruktur des 14. Jh., doch sind die historischen Häuser weitestgehend durch Neubauten ersetzt.

122 *Waiblingen-Hohenacker. Die spätgotische ev. Pfarrkirche*

123 Waiblingen-Neustadt. Die spätgotische ev. Pfarrkirche

124 a–b Waiblingen-Neustadt. Ev. Pfarrkirche. Inneres nach Osten und Wandgemälde im Turmchor: Maria und Joseph (um 1380/90)

JHS

Waldenstein → Rudersberg
Waldenweiler → Althütte
Waldrems → Backnang
Walkersbach → Plüderhausen
Warthof → Aspach
Weiler → Schorndorf
Weiler zum Stein → Leutenbach

WEINSTADT

Bei der Gemeindereform 1975 wurden die Gemeinden Beutelsbach, Endersbach, Großheppach und Schnait zu der Stadt Weinstadt zusammengeschlossen. Strümpfelbach war bereits 1973 nach Endersbach eingegliedert worden.

Weinstadt-Baach

Am Oberlauf des Beutelsbachs liegt der für Wanderungen im Schurwald beliebte Ausgangsort Baach. Der ehemalige Haufenweiler besitzt noch einige giebelständige Wohnstallhäuser des 17./18. Jh. Am Nordende steht eine aus Sandsteinquadern errichtete *Bogenbrücke* aus der Zeit um 1800.

Weinstadt-Beutelsbach

Das heute durch großzügige Neubaugebiete ausgeweitete Dorf Beutelsbach wird seit dem 11. Jh. durch das Chorherrenstift, bis 1311 Grablege der Grafen von Württemberg, bestimmt. Um den Hügel dieser Wehrkirchenanlage haben sich vorwiegend giebelständige Weingärtnerhäuser des 15.–18. Jh. erhalten. Die ortsgeschichtliche Bedeutung des Platzes unterhalb der ehem. Stiftskirche wurde durch den Bau des Rathauses im Jahr 1964, heute Verwaltungssitz der Stadt Weinstadt, weitertradiert.
Von der ehemaligen Wehrkirche mit Ringmauer sind noch die spätgotische *ev. Pfarrkirche St. Leodegar,* eine Westturmanlage des frühen 16. Jh., und *Reste des Wehrkirchhofes* mit Ringmauer und Eckturm erhalten. Die Wiederverwendung der Reste eines gefüllten Rundbo-

125 Weinstadt-Beutelsbach. Die spätgotische ev. Pfarrkirche im Wehrkirchhof mit Eckturm

ssparkasse

genfrieses an der westlichen Sockelmauer des Turmes ermöglichte eine Datierung des Vorgängerbaus in die Zeit um 1200. Diese spätromanische Anlage bestand vermutlich bis zum Neubau 1505.

Durch die calwische Erbtochter Luitgart von Beutelsbach ging 1080 Beutelsbach an Konrad von Württemberg über und gehört damit zum ältesten Besitz dieses Hauses. Die Grablege der Württemberger in dem Chorherrenstift des 11. Jh. wurde zwischen 1316 und 1321 nach mehrmaligen kriegerischen Auseinandersetzungen nach Stuttgart verlegt. Der Innenraum der Kirche geht in seinem heutigen Erscheinungsbild auf einen Umbau 1906 zurück. Die Tafelbilder an der Empore stammen aus dem 16. Jh., der Taufstein wurde 1416 geschaffen.

Nordöstlich der Kirche steht das im Kern noch von 1613 stammende *Pfarrhaus,* dessen Fachwerkobergeschoß 1746 erneuert wurde. Gegenüber dem Pfarrhaus (Stiftsstr. 27), nördlich der Kirche, liegt der *ehem. Pfleghof des Stiftes Stuttgart* (Stiftsstr. 30, 32). Die Hofgruppe besteht aus Haupthaus, Zehntscheuer mit Bandhaus, dem Torbogen und der alten Hofmauer. Nachdem der im 15. Jh. erbaute Pfleghof 1643 abgebrannt war, wurde er unter Wiederverwendung der alten Sockel neu erbaut. Die Tordurchfahrt ist mit »Friedrich Carl Herzog zu Württemberg 1686« bezeichnet. Ebenfalls in der Stiftsstraße ist das *Alte Rathaus* (Stiftsstr. 11) erhalten, das 1534 als zweigeschossiger Fachwerkbau über gemauertem Sockelgeschoß errichtet wurde. Die beiden westlichen Tore des Erdgeschosses sind mit der Jahreszahl eines Umbaus, 1577, bezeichnet und tragen die Reliefs zweier Schilde, in denen das Fleckenzeichen (Beutel) und die Hirschstangen der württembergischen Herrschaft abgebildet sind. Heute wird das Alte Rathaus als Heimatmuseum genutzt.

In der *Stiftsstraße* steht noch eine Anzahl von stattlichen Weingärtner- und Bauernhäusern des 16. und 17. Jh., Zeugnisse des Wohlstands aus der Zeit vor dem Dreißigjährigen Krieg. Bedeutende historische Bausubstanz findet sich auch in der *Markt-* und der *Schönbühlstraße.* Das mächtige Weingärtnerhaus *Schönbühlstr. 8/10* war ursprünglich ein traufständiges Bauernhaus, um 1580 erbaut. Durch Realteilung wurde es geteilt, und der Gebäudeteil Schönbühlstr. 8 erhielt 1666 einen den Hauptbau überragenden Giebelvorbau. Die beiden freiliegenden Giebel des Hauses aus dem 16. Jh. haben schönes Zierfachwerk mit geschweiften Streben, langgebogenen Fußbändern sowie verzierten Kopfbändern und Andreaskreuzen. Ein ebenso reich verziertes Fachwerk zeigt das 1615 erbaute *Weingärtnerhaus Marktstr. 55.*

An der ehemaligen Schnaiter Straße, am Fuß der Weinberge, lagen früher drei Keltern. Die *ehem. Dorf- oder Fleckenkelter,* Annastr. 18, wurde 1770 vom Bach an den heutigen Standort versetzt, da sie immer

126 Weinstadt-Beutelsbach. Weingärtnerhäuser des 16. Jh.

wieder unter Wasser stand. Die *ehem. Untere Mittelkelter* (Burghaldenstr. 62), 1688 erbaut, ist heute Bauhof der Gemeinde. Die Ausstattung beider Keltern ging verloren.
Südöstlich über dem Ort liegen die Reste der *Burg* der Herren von Beutelsbach. Sie wurde vermutlich 1311/12 zerstört. An den noch sichtbaren Mauern läßt sich die ursprüngliche Anlage nur teilweise ablesen, da das Burgareal bei der Rebflurbereinigung weitgehend umgelegt wurde.

Weinstadt-Endersbach

Der historische Ortskern von Endersbach, der erhöht über der Kreuzung der alten Straße Strümpfelbach-Waiblingen mit dem quer dazu verlaufenden Haldenbach liegt, wird 1278 erstmals erwähnt. Nach der

127 Weinstadt-Endersbach. Das Rathaus aus der zweiten Hälfte des 16. Jh.

Zerstörung der beim Ort gelegenen württembergischen Burg (1291), wechselte die Ortsherrschaft mehrmals. Bis 1807 gehörte Endersbach zum Amt- und Oberamt Schorndorf, danach zum Oberamt Waiblingen.

Rathaus, Pfarrkirche und Pfarrhaus bilden nach wie vor den Ortskern, obwohl das Geschäftszentrum heute das Sanierungsgebiet zwischen Waiblinger Straße und Eisenbahnviadukt ist, Beispiel einer Flächensanierung der siebziger und achtziger Jahre. Bei der *ev. Pfarrkirche St. Agatha* (Schulstr. 5) handelt es sich um eine Chorturmanlage, deren Schiff von 1469 stammt. Der sehr graziöse Bandelwerkstuck wurde 1735/40 bei einer Innenerneuerung eingebracht. An den Kirchhof schließt das 1771 erbaute *Pfarrhaus* an (Schulstr. 8), ein zweigeschossiger, weitgehend symmetrisch gegliederter Putzbau. Schräg gegenüber wurde 1889 in noch klassizistischen Formen das *Schulhaus* erbaut.

Die historische Bebauung um das *Rathaus* (Traubenstr. 2) ist noch weitgehend erhalten. Beim Rathaus handelt es sich um ein in der zweiten Hälfte des 16. Jh. auf einem gemauerten Kellergeschoß errichtetes Fachwerkhaus. Im Giebel ist noch das originale Fachwerk mit Zierformen des 16. Jh. erhalten, während das Hauptgeschoß stark verändert ist. Das Fachwerkhaus *Am Pflaster 14*, Beispiel eines Bauernhauses des 15./16. Jh., zeigt noch eine fast ungestörte Konstruktion mit verblatteten Kopf- und Fußbändern. Die umliegenden Weingärtnerhäuser *Am Pflaster 4* (1585), *10* (um 1600) und *Schmiedgasse 13* (1567/68) weisen meist Veränderungen des 19. Jh. auf. Besonders zu erwähnen ist die *ehem. Untere Mühle* (Müllergasse 8). Die erstmals 1450 genannte Mühle besaß 1564 drei Mahlgänge. Die heutige Mahleinrichtung stammt aus dem 19./20. Jh. Der Hauptbau, am Giebel 1617 datiert, hat ein reich ausgeschmücktes Zierfachwerk mit Narrenköpfen und dekorativ geschnitzten Streben. Das Fachwerk im Hauptgeschoß wurde im 18./19. Jh. ausgewechselt.

Lohnend ist eine Fußwanderung von Endersbach nach Strümpfelbach. Am Weg passiert man die *Happenhaldenkelter,* die 1827 einen Vorgängerbau ersetzte. 1931 wurde die Genossenschaftskelter angebaut. Sozialgeschichtlich interessant sind die am Weg liegenden *Gruebstätten* (von »grueben« – ausruhen), steinerne Sitz- und Abstellbänke für Traglasten.

Vom sog. *Käppele,* das rund 1,5 km südöstlich von Endersbach liegt, einer ehem. Wallfahrtskapelle des 15. Jh., sind noch die Seitenwände erhalten, die heute durch ein Pultdach zusammengefaßt sind.

128 Weinstadt-Endersbach. Das Weingärtnerhaus Am Pflaster 4 von 1585

129 Weinstadt-Endersbach. Brücke auf dem Weg von Endersbach nach Strümpfelbach aus dem 18. Jh.

Weinstadt-Großheppach

Der Ort Großheppach, der am Anstieg zur Buocher Höhe liegt, ist heute durch die vierspurige B 29 von den übrigen Teilorten Weinstadts getrennt.
Großheppach wird 1278 erstmals erwähnt. An einem heute verdolten Bach entwickelte sich der Ort in Nordwest-Südost-Richtung. Siedlungsmittelpunkt ist die im Kern mittelalterliche Kirche. Die Bebauung des Ortes besteht aus meist giebelständigen Bauern- und Weingärtnerhäusern des 16./17. Jh. bis frühen 19. Jh.
Die *ev. Pfarrkirche St. Ägidius* wird erstmals 1437 genannt. Der mittelalterliche Chorturm erhielt 1468 ein neues Schiff, und die Kirche wurde zu einem Wehrhof ausgebaut. Nach der letzten Reparatur 1817 hat man die Wehrmauer bis auf die heutigen Reste (verbaut in den Rückseiten der Häuser Pfarrgasse 2 und Prinz-Eugen-Platz 1) abgetragen. 1769 erhielt der Chorturm ein achteckiges Aufsatzgeschoß mit Schallfenstern in gotischer Form und geschweifter, zweifach abgesetzter Haube. 1963/64 wurde das Kircheninnere grundlegend umgestaltet. Im Chor wurden Fresken freigelegt, außerdem erneuerte man die Emporen. Beibehalten wurden die – veränderte – Sargdecke von 1861 und die Emporensäulen von 1893.
Nördlich der Kirche liegt das barocke *Pfarrhaus* (Pfarrgasse 3), das 1744/45 von Johann Adam Groß I (wahrscheinlich nach Rissen von J. C. D. Leger) gebaut wurde. Pfarrgasse 19 und 19a sind die alten Großheppacher *Schulhäuser* von 1739 bzw. 1878/79. Der ältere Fachwerkbau enthielt ursprünglich im Erdgeschoß den Schulraum und den Viehstall des Lehrers, im Obergeschoß die Lehrerwohnung. Bei der Erweiterung 1829 wurde der Viehstall zugunsten eines weiteren Schulraums aufgegeben.
In der Schloßstraße liegt das *Schloß* der Freiherren von Gaisberg. Der Schloßkomplex, der durch eine Hofmauer von der Straße getrennt ist, besteht aus dem Herrenhaus mit Wirtschaftsgebäude und Stall. Das Herrenhaus ist ein zweigeschossiger Rechteckbau aus der Zeit um 1600. Schon im 17. Jh. wurde der östliche Teil aufgestockt; seine heutige Gestalt mit Erker und Turm erhielt das Gebäude bei einem umfassenden Umbau 1861–1894. An das Herrenhaus angebaut ist das ehem. Wirtschaftsgebäude, an das im rechten Winkel der ehem. Stallbau, die heutige Schloßkellerei, anschließt. In nördlicher Richtung, an der Straße nach Gundelsbach, hat sich vor der Abknickung

130 Weinstadt-Großheppach. Das Schloß der Freiherren von Gaisberg, erbaut um 1600

131 Weinstadt-Großheppach. Die ins 15. Jh. zurückgehende Häckermühle, Brückenstr. 8

nach Osten ein auf die Gartenmauer aufgesetztes Gartenhäuschen, wohl noch aus der Zeit um 1600, erhalten. Der Westausgang des Parks ist an der Segmentbogentür 1593 bezeichnet. Gartenhaus und Rundbogen wiederholen sich am Ostausgang. Das Innere des Herrenhauses wird vor allem vom barocken Treppenhaus beherrscht. Der grüne Salon, das Eßzimmer, die Bibliothek und der gelbe Salon haben noch die vollständige Ausstattung des 19. Jh.

Am westlichen Ende des historischen Ortskerns liegt die sog. *Häckermühle* (Brückenstr. 9, 9a, 9b), die 1400 im Lagerbuch erstmals genannt wird. Der Torbogen ist 1601 bezeichnet, doch haben sich im Inneren Reste des 15. Jh. erhalten. Durch umfangreiche Renovierungs- und Umbauarbeiten wurde zwar das barocke Erscheinungsbild in Farbe und Zierfachwerk wiederhergestellt, doch ist das Gebäude auch ein Beispiel für die Übernutzung eines Kulturdenkmals. Zum Mühlenareal gehören die um 1600 erbaute *Stallscheuer,* die zum Bürgerzentrum umgebaut wurde, und der langgezogene *Stallschuppen* an der Rückseite der Anlage.
Der bürgerliche Ortskern um das 1605 erstmals genannte *Rathaus* (Pfahlbühlstr. 12) ist noch gut erhalten. Das auf einem massiv gemauerten Erdgeschoß aufgesetzte Fachwerkgeschoß zeigt im Giebel Zierformen des frühen 17. Jh. An dem bis in die Römerzeit zurückgehenden ehem. Höhenweg (Grunbacher Straße, Prinz-Eugen-Platz, Pfahlbühlstraße) stehen meist giebelständige Weingärtner- und Bauernhäuser des 16./17. Jh. (*Pfahlbühlstr. 1,* 1740, und *Prinz-Eugen-Platz 7* und *7/1*). Im *Gasthaus zum Lamm* (Prinz-Eugen-Platz 4) erinnern in der Wirtsstube Nachzeichnungen an den berühmten Kriegsrat von 1704, zu dem hier Prinz Eugen, der Herzog von Marlborough und Markgraf Ludwig von Baden zusammenkamen. An der Straße nach Kleinheppach liegt das Fachwerkhaus *Schäfergäßle 12.* Das Gebäude aus der Zeit um 1600 hat am Straßengiebel ein reiches Zierfachwerk; zur Innenausstattung gehört u. a. eine bemalte Kassettendecke.

Weinstadt-Gundelsbach

In einem nördlichen Seitental der Rems geben am 22. Februar 1359 Schultheiß, Richter und Bürger zu Waiblingen »bruder Clausen und bruder Johannes samt augustins sanst Pauls bruder dez ersten ainsiedels« zwei Morgen Land, um dort Haus und Kapelle zu zimmern. Nach der Zerstörung des ausgebauten Klösterle (1525) entstanden einzelne Gehöfte und Kellerhäuser, die heute noch am Buocher Weg und an der Gundelsbacher Straße stehen.

Weinstadt-Schnait

Der 1238 erstmals als »Snait« (Einschnitt in den Wald) erwähnte Ort hat noch heute eine große Anzahl Weingärtnerhäuser des 16./17. Jh. Der langgestreckte Ortsgrundriß, im Ortsplan von 1832 eingemessen, hat sich bis heute erhalten. Der vermutlich auf zwei Siedlungskerne zurückgehende Ort (Im Kostobel um den Adelberger Hof und um die abgegangene Burg der Dürner von Dürnau im Bereich Buchhaldenstr.

132 Weinstadt-Schnait. Ev. Pfarrkirche. Spätgotisches Altarretabel von 1497

8–12) ist entlang der Hochberg-, Silcher-, Lütze- und Buchhaldenstraße durch meist giebelständige Weingärtnerhäuser zusammengewachsen. Eine Verdichtung entstand um die Pfarrkirche und die Ortsadelssitze.

Die *ev. Pfarrkirche St. Wendelin* (Silcherstr. 47) geht auf einen spätgotischen Bau um 1500 zurück, der im Ostturm noch vorhanden ist. 1747 errichtete man unter Verwendung alter Bauteile einen Saalbau als Emporensaal mit der Kanzel vor der östlichen Turmwand. 1933 wurde eine umfangreiche Innenerneuerung vorgenommen, die bis heute nur unwesentliche Veränderungen erfahren hat. Weit über die Landesgrenzen hinaus bekannt ist das Altarretabel der Schnaiter Kirche von 1497. Grabmale der Herren von Gaisberg sind in die Kirchenwand eingelassen.

Neben der Pfarrkirche, auf dem Platz des heutigen Gemeindezentrums, wurde 1964 das Rathaus von 1782 und 1974 das Pfarrhaus von 1767 abgebrochen. Erhalten geblieben ist das *ehem. Schulhaus* von 1767, in dem heute das Silcher-Museum untergebracht ist. Es ist das Geburtshaus des Liederkomponisten Friedrich Silcher (1789–1860).

133 Weinstadt-Schnait. Das Silcher-Museum im ehem. Schulhaus von 1767

Am nordwestlichen Ortsrand liegt das Doppelschloß der Herren von Gaisberg, das sog. *Alte oder Untere Schloß*. Die 1518 erstmals erwähnten Schloßbauten gliedern sich in das Hauptgebäude mit Flügel (Silcherstr. 10), die Scheuer und den Nordostbau (Silcherstr. 12). Beim Nordostbau handelt es sich wahrscheinlich um den ältesten Schloßbau. Die an der Südseite teilweise sichtbare überblattete Fachwerkkonstruktion stammt vermutlich aus der Zeit um 1500, das übrige

Fachwerk weitgehend aus dem Jahr 1590. Erhalten geblieben ist nicht nur die Hallenkonstruktion im Erdgeschoß, sondern auch die Ausmalung von 1590 in den bewohnten Obergeschossen und im Dachgeschoß.
Das Hauptgebäude, das an der westlichen Längsseite, in der Flucht der Hofmauer, errichtet wurde, stammt wie die angebaute Scheune und die Hofmauer aus der Zeit um 1600. Über der großen Halle im Erdgeschoß, die über einen Doppelkeller gebaut wurde, liegen im ersten und zweiten Fachwerkgeschoß die Wohnräume, die z. T. ausstuckiert und vermutlich bemalt sind.
Als weiterer Adelssitz wurde 1609 von Konrad von Gaisberg das sog. *Obere oder Neue Schloß* gebaut (Haldenstr. 25). Künstlerisch bemerkenswert ist die Erkerkonsole mit Schmuckformen der Renaissance.
Außer dem *Gasthaus zum Hirsch,* einem stattlichen Fachwerkhaus von 1753, sind in der *Silcherstraße* noch das *Weingärtnerhaus* (Nr. 90), um 1600 erbaut, und das *Haus Nr. 73,* um 1800, zu erwähnen. Bei Umbauarbeiten im Gebäude *Bergstr. 6,* einem Weingärtnerhaus aus der zweiten Hälfte des 16. Jh., wurden im Dachgeschoß Ausmalungen im Stil einer Sommerstube aufgefunden. Heute schlummern diese Raritäten unter Rigipsplatten – notwendig für den Ausbau des Dachgeschosses.

Weinstadt-Strümpfelbach

Der 1265 erstmals genannte Ort liegt in einem südlichen Seitental der Rems, dem Tal des Strümpfelbachs. Fachwerkhäuser des 16. und 17. Jh. prägen das Ortsbild. Aufgrund seiner Randlage vom wirtschaftlichen Druck des 19. und 20. Jh. verschont, ist Strümpfelbach heute eine der schönsten Fachwerkgemeinden des württembergischen Weinbaugebiets.
Der noch bestehende Ortskern um die Kirche und das Rathaus dürfte der Ausgangspunkt für die Entwicklung der Siedlungsstruktur, das Unterdorf beiderseits des Baches und das Oberdorf entlang der Hindenburgstraße, gewesen sein. Die Siedlungsform des Bachzeilendorfes ist auch nach der Verdolung des Strümpfelbaches noch ablesbar, und an den einzelnen Stichgassen in die Weinberge und Obstwiesen läßt sich die Ortsentwicklung erkennen.
Die *ev. Pfarrkirche St. Jodokus* (Hindenburgstr. 13) ist eine spätgotische Chorturmanlage mit nach Norden erweitertem Schiff. Bei Renovierungsarbeiten 1970/71 wurden Wand- und Deckengemälde der Erbauungszeit um 1470/80 freigelegt. Im nördlichen Bogenfeld der Schildwand ist Christus mit einem Engel zu sehen, der in der Kelter eine Spindel dreht. Von 1495 stammt das Sammelbild zwischen Mittel-

134 Weinstadt-Strümpfelbach. Der Ortskern mit dem Turm der ev. Pfarrkirche

und Ostfenster der Südwand, das in zwölf Rundbildern die Übertretungen der Zehn Gebote darstellt. 1781 wurde das Schiff nach Norden erweitert. Bei dieser Baumaßnahme wurden die Maßwerke der Fenster beseitigt und das Kaffgesims abgeschlagen. Im Inneren wurde eine Gipsdecke eingebaut und Emporen und Gestühl erneuert. 1970/71 wurde die Kirche, nach fast 200 Jahren, nochmals innen total erneuert. Bei dieser Baumaßnahme wurde die von dem Strümpfelbacher Bildhauer Fritz Nuß geschaffene Bronzetür eingebaut.
Westlich der Kirche liegt das *Pfarrhaus* mit Pfarrscheuer, östlich davon, von der Straße zurückgesetzt, das *Schulhaus* von 1866. Mittelpunkt des Ortes (auch geographisch) und Übergang vom Unter- zum Oberdorf ist das 1591 datierte *Rathaus,* das noch in den sechziger Jahren unseres Jahrhunderts für den Ausbau der Ortsdurchfahrt zum Abbruch vorgesehen war. Der freistehende Ständerbau über dem Zusammenfluß von Hüttenbach und Strümpfelbach ist ein herausra-

135 Weinstadt-Strümpfelbach. Ev. Pfarrkirche. Das Portal mit der Bronzetür von Fritz Nuß, 1971

gendes Beispiel höchster Zimmermannskunst. Die Pfosten der Fachwerkkonstruktion tragen reiche Flachschnitzereien, wie sie auch an manchen Bürgerhäusern zu finden sind. Das Landesdenkmalamt hat 1985 den gesamten historischen Ortskern von Strümpfelbach unter Denkmalschutz gestellt. Die Vielzahl der noch original erhaltenen Weingärtnerhäuser, vorwiegend aus der Zeit zwischen 1550 und 1620, zeigt den Reichtum, der durch den Weinbau in das Dorf einkehrte. Das Zierfachwerk zeichnet sich oft durch geschnitzte Knaggen und Flachschnitzereien aus. Die meist giebelständigen Fachwerkhäuser auf gemauertem Erdgeschoß mit rundbogigem Kellertor haben rückwärtig oft zugehörige Scheunen und Nebengebäude.

Von der zusammenhängenden Bebauung der Haupt- und Hindenburgstraße nur exemplarisch einige Kurzbeschreibungen: *Hauptstr. 6,* gegenüber dem Rathaus, um 1600 erbaut, mit Zierfachwerk im Giebel; *Hauptstr. 30,* Weingärtnerhaus des 16. Jh. mit reich verziertem Fachwerkgiebel zur Straße, am Mittelpfosten 1559 bezeichnet (rückwärtig dazugehörend Scheune und Stall); *Hauptstr. 43, 45, 45/1,* zweite Hälfte des 16. Jh. Bei dem Haus Nr. 43 ist an der Knagge des linken Eckpfostens ein Narrenkopf herausgeschnitzt. Mit dem im 18. Jh. erbauten rückwärtigen Bauernhaus und der dahinter querstehenden Scheuer ist hier das Beispiel einer Hausform erhalten, wie sie durch die Folge von Erbteilungen entstanden und für Strümpfelbach typisch ist. Am nördlichen Ortsausgang liegt das Gehöft *Hauptstr. 65, 65e,* das von Modernisierungsmaßnahmen bisher verschont blieb. Das 1587 bezeichnete Weingärtnerhaus besitzt an der Giebelseite ein reiches Zierfachwerk. Neben geschweiften Andreaskreuzen fallen an den Pfosten Flachschnitzereien und ins Fachwerk eingesetzte Rosetten auf. Im Giebelspitz findet sich ein Kopf mit geteiltem und gestutztem Vollbart. Das Fachwerk weist noch Spuren einer Kälkung auf, wie sie im 18./19. Jh. üblich war.

Südlich des Rathauses, im Oberdorf, liegt das Weingärtnerhaus *Hindenburgstr. 1* (zweite Hälfte des 16. Jh.), das zum Rathaus einen platzartigen Raumabschluß bildet. Das konstruktive Gerüst mit Zierfachwerk im Giebel stammt noch aus der Erbauungszeit um 1570/80. Das Haus *Hindenburgstr. 6* (1594) hat neben Flachschnitzereien einen ausdrucksvollen Neidkopf im Erdgeschoß. In der langen Reihe der giebelständigen Weingärtnerhäuser der Hindenburgstraße steht das *Haus Nr. 20* als bescheidenes, kleines Handwerkerhaus dazwischen. Für das Gebäude bezeichnend ist das Erdgeschoß mit Rundbogentür, im Scheitel zwischen Damenschuh und Stulpstiefel 1762 bezeichnet, und kleinem Ladenfenster. Als zusammenhängendes Gehöft, das ehemals am Bachufer lag, sind die Häuser *Im Oberdorf 5, 5a, 5b* zu nennen. Das traufständige Wohnhaus stammt ebenso wie die giebel-

136 Weinstadt-Strümpfelbach. Das Weingärtnerhaus Hauptstr. 65 von 1587

137 Weinstadt-Strümpfelbach. Hindenburgstraße. Haus 2 und Haus 4 (bezeichnet 1570)

ständig zur Straße stehende Stallscheuer aus dem 16. Jh. Bemerkenswert ist der große Keller der Scheuer, der sich unter der Hofeinfahrt durchzieht. Im rückwärtigen Hof steht das Ausgedinghaus, ein einstöckiger Fachwerkbau des 17. Jh., bei dem vermutlich Eichenholz eines älteren Gebäudes wiederverwendet wurde.
Oberhalb des Ortes, am Fuß des Streitbergs, steht die *ehem. Streitberg- oder Bittelwiesenkelter* aus dem frühen 16. Jh., die heute als Gemeindehaus genutzt wird. Im Innern sind noch Reste der alten Dachstuhlkonstruktion mit angeblatteten Streben erkennbar. 1928 wurde außerhalb des Dorfes eine neue Kelter gebaut, die im Besitz der Weingärtnergenossenschaft ist.

138 Weissach-Cottenweiler. Die Brücke über den Harbach aus dem 18. Jh.

WEISSACH i. T.

Weissach-Bruch

An der Landstraße nach Lutzenberg liegt die 1762 erbaute *Kelter* von Bruch (Lutzenberger Str. 52). Ein Vorgängerbau wird schon 1607 erwähnt, ein Beleg für die lange Weinbautradition im Ort.

Weissach-Cottenweiler

Außer einigen Bauernhäusern des 19. Jh. in der *Unterweissacher Straße* ist die *Brücke* über den Harbach von Bedeutung. Die in einem Segmentbogen gemauerte Sandsteinbrücke stammt aus dem 18. Jh.

Weissach-Oberweissach

Die an der Straße nach Hohnweiler gelegene *Kelter* zeigt zwar einige Veränderungen, hat aber in der Sprengwerkkonstruktion überblattete Verbindungsglieder, die auf eine Bauzeit im 16. Jh. schließen lassen.

Weissach-Unterweissach

Der am Zusammenfluß von Brüdenbach und der Weissach gelegene Ort Unterweissach setzt sich aus drei Siedlungskernen zusammen: dem Bereich um die Pfarrkirche, dem südlich davon gelegenen Siedlungsteil der heutigen Friedensstraße und der Haufensiedlung westlich der Weissach. Alle Ortsteile waren durch Fußgängerbrücken miteinander verbunden – die Fuhrwerke mußten durch den Bach fahren. Sowohl die vor dem Rathaus gelegene *Brücke über den Brüdenbach* als auch die sog. *Lange Brücke* über die Weissach sind noch weitgehend original aus der ersten Hälfte des 18. Jh. erhalten.
Die im ehem. Friedhof gelegene *ev. Pfarrkirche St. Agatha* stammt im Turmstock aus dem 13./14. Jh. Der heute noch bis zum Turmhelm original erhaltene Chorturm geht auf eine spätgotische Erweiterung der ersten Hälfte des 15. Jh. zurück. Das Schiff wurde 1721 nach Süden erweitert. Oberhalb der Kirche liegt das *Pfarrhaus* aus dem 18. Jh.; am Fuß des Kirchbergs, am Brüdenbach, das *Rathaus* von 1612. Es ist heute durch einen Steg mit dem *ehem. Gasthaus zum Lamm* verbunden, das zum Rathaus mit Ratssaal umgebaut wurde. Vor dem Rathaus steht der *Lammbrunnen* von 1805.
Dem noch weitgehend intakten Ortskern zwischen Brüdenbach und Friedensstraße wurde bei den Sanierungsmaßnahmen der achtziger Jahre seine historische, von einfachen Fachwerkhäusern geprägte Hauslandschaft durch eine Vielzahl von Abbrüchen genommen; mit neu errichteten Geschäftsbauten soll eine neue Ortsmitte gefunden werden.
Im westlichen Ortsteil, am *Brühlweg* und an der *Forststraße,* sind noch einige Wohnstallhäuser, zum Teil vom Typ des Weingärtnerhauses, aus dem 17./18. Jh. erhalten.

WELZHEIM

Der Name des Ortes wird 1181 erstmals genannt, doch schon 150 n. Chr. haben die Römer hier am vorbeiführenden obergermanischen Limes zwei Kastelle errichtet. Heute ist das Ostkastell am Ortsrand von Welzheim ausgegraben, die Westtoranlage mit beiden Tortürmen wurde rekonstruiert. Ein Großteil der Funde ist im Heimatmuseum ausgestellt.

Das heutige Ortsbild von Welzheim geht auf den Wiederaufbau nach dem Brand von 1726 zurück. Die Wilhelmstraße verbindet die beiden alten Siedlungskerne von Welzheim. Diese umfaßten das Obere Tor am Torsee mit Viehmarkt und dem Knotenpunkt der Ortswege sowie den Kirchhof mit der Pfarrkirche und den umliegenden Profanbauten. Innerhalb des ehem. Wehrkirchhofes, der einst von einer Mauer samt Graben umgeben war und in jüngster Zeit neu gestaltet wurde, liegt die *ev. Pfarrkirche St. Gallus.* Nach dem Stadtbrand von 1726 wurde sie unter Verwendung erhaltener Teile der spätgotischen Kirche von 1499 neu errichtet. 1815 wurde der damals nur notdürftig reparierte Chor abgebrochen und die Kirche nach Osten verlängert. Im selben Jahr erhielt sie auch einen neuen Turm. Der heutige Turmhelm geht auf Erneuerungen von 1871 und 1886 zurück. In den beiden gotischen Portalen, dem Süd- und Westportal, die im Neubau von 1728 wiederverwendet wurden, sind hervorragend gearbeitete Sandsteinplastiken des frühen 16. Jh. erhalten. Vermutungen, daß die Figuren aus Schorndorf stammen, lassen sich nicht bestätigen, jedoch können sie dem Meister der Figuren im Bogenfeld des Südportals der Schorndorfer Stadtkirche zugeschrieben werden.

Vom neu gestalteten Kirchplatz geht die Pfarrgasse ab, in der das *ehem. ev. Dekanat,* vordem Pfarrhof, heute Städtisches Museum, liegt. Außer dem Wohnhaus von 1822/23 sind von der Hofanlage noch die rückwärtige Fachwerkscheuer, 1727/28, der Schweinestall und das Wasch- und Backhaus erhalten. Das sog. *Hirtenhäusle* im Hof mußte in Breitenfürst wegen Straßenbaumaßnahmen abgebrochen werden und wurde vom Historischen Verein Welzheim hier wieder aufgebaut.

139 Weissach-Unterweissach. Das Rathaus von 1612, durch einen Steg mit dem zum Rathaus umgebauten ehem. »Gasthaus zum Lamm« von 1792 verbunden

140 Weissach-Unterweissach. Das Bauernhaus Brüdener Str. 7 von 1740, heute Heimatmuseum

141 *Welzheim. Die ev. Pfarrkirche von 1728 mit spätgotischen Teilen*

142 *Welzheim. Das Rathaus von 1731*

Am Kirchplatz liegt auch das *Rathaus* von 1731, das im ersten Obergeschoß noch eine schöne Stuckdecke hat. Die Lücke, die der willkürliche Abriß des »Gasthofs zur Krone« östlich des Rathauses hinterlassen hatte, wurde 1988 mit dem Erweiterungsbau des Rathauses wieder geschlossen.
Südlich des Rathauses lag das *Schloß* der Schenken von Limpurg, die bis 1713 Ortsherren von Welzheim waren. Es diente als Witwensitz. Nach dem Stadtbrand von 1726 wurde es als Fruchtkasten wieder aufgebaut. Das zunächst mit einer Lehrerwohnung ausgestattete Gebäude wurde 1879 zum Stadtpfarrhaus umgebaut.
Die Bürgerhäuser entlang der *Wilhelmstraße* stammen fast alle aus der Zeit um 1730, sind aber im Erdgeschoß durch Geschäftsnutzung stark verändert. Das *Gasthaus zum grünen Baum* (Kirchplatz 13), 1855 erbaut, ist in seiner klassizistischen Formensprache noch gut erhalten.

Welzheim-Aichstrut

Obwohl Aichstrut schon im 13. Jh. erwähnt wird, sind keine mittelalterlichen Bauten mehr erhalten. Baugeschichtlich interessant ist die 1913 in Formenanklägen des Jugendstils erbaute *Schule.*

Welzheim-Breitenfürst

Wegen des Ausbaus der Stuttgarter Straße wurde das ortsgeschichtlich interessante sog. »Hirtenhäusle« nach Welzheim ins Heimatmuseum versetzt. Außer einigen Bauernhäusern der Zeit um 1800 ist das Bauernhaus *Am Waaghäusle 8* von Bedeutung, dessen Fachwerkkonstruktion noch aus dem 16. Jh. stammt.

Welzheim-Klingenmühle

Die tief in einer Klinge liegende *Klingenmühle* wurde 1789 gebaut, jedoch 1977/78 stark erneuert. An der Schmalseite zum Bach ist ein oberschlächtiges Holzschaufelrad erhalten. Hier soll Justinus Kerner, der 1812–1815 in Welzheim lebte, sein Gedicht »Der Wanderer in der Sägemühle« geschrieben haben.

WINNENDEN

Winnenden, dessen alter Ortskern zwischen Buchenbach und Zipfelbach liegt, ist heute von einem Industriegürtel umgeben, und die Ausmaße des mittelalterlichen Ortskerns sind nur noch schwer auszu-

machen. Die vor der Stadtmauer gelegene Schloßkirche, ehemals alte Pfarrkirche, läßt hier die früheste Siedlung vermuten.
Nach dem Stadtbrand von 1693 wurde die Stadt – nach Plänen und Gutachten von Matthias Weiß, Joh. Heim und Joh. Peter Herzler – einheitlich wieder aufgebaut. Heute ist das Erscheinungsbild dieser Altstadthäuser durch in die Substanz eingreifende Erdgeschoßumbauten stark gestört. Zwischen Marktstraße und Diebsturm wurde für den Neubau des Rathauses eine Flächensanierung durchgeführt, die nun – unter Verlust weiterer Altstadtsubstanz – nach Süden bis zur Schloßstraße fortgesetzt werden soll.
Von der ursprünglichen Stadtbefestigung des 14. Jh. ist im Westen der *Diebsturm* mit einem längeren Mauerstück noch gut erhalten. Im Osten der Stadt steht in der Brunnenstraße ein zusammenhängendes Mauerstück in voller Höhe mit Wehrgang. Der *Schwaikheimer Torturm* war ehemals das Untere Tor und Hochwacht. Der untere Teil dürfte mittelalterlich sein, während der obere, noch gemauerte Teil von 1619 stammt. In den beiden später (vermutlich 1708) aufgesetzten Fachwerkstöcken sind heute die Heimatstuben untergebracht.
Die an der westlichen Stadtmauer gelegene frühgotische Bernhardskapelle, als Chorturmkirche gebaut und in spätgotischer Zeit um- und neugebaut, wurde nach dem Stadtbrand 1693 als *ev. Stadtkirche* wiedererrichtet. Reste von Buckelquadern und Profile des Dachsimses weisen auf ein Steinhaus des 13. Jh. hin, das hier wohl beim ehem. Deutschhof gestanden hat und in den Kirchenneubau integriert wurde. 1910 wurde die Stadtkirche sowohl im Inneren als auch im Äußeren verändert und überarbeitet. Nach einem Artilleriebeschuß 1945 hat man die Kirche im heutigen Erscheinungsbild wiederhergestellt.
In der Stadtmitte von Winnenden liegt der heutige Marktplatz, früher Marktbrunnenplatz. Der alte Marktplatz lag an der wichtigen Durchgangsstraße Waiblingen–Backnang, die den Ort von Nordost nach Nordwest durchschnitt. An der wichtigen Kreuzung Markt-/Mühltorstraße wurde 1699–1701 an der Stelle des durch den Stadtbrand zerstörten Rathauses wiederum ein *Rathaus* errichtet. 1827 wurde es umgebaut, und 1846 hat man ein Gefängnis eingebaut. Nach dem Bau des neuen Rathauses (1986) soll das alte Rathaus zu einem Bürgerhaus umgestaltet werden.
Südöstlicher Abschluß des Marktplatzes ist heute der Neubau der Kreissparkasse, der nach der Zerstörung der Mayer'schen Apotheke dort errichtet wurde. Den *Marktbrunnen* von 1730/40 krönt – in einer Kopie von 1929 – eine Figur der Justitia.
Die Häuser mit heute zum Teil freigelegtem Fachwerk, die nach dem Stadtbrand den Vorschriften entsprechend an durchgehenden Bauli-

143 Winnenden. Der Schwaikheimer Torturm

144 Winnenden. Der Marktplatz mit dem 1699–1701 erbauten Rathaus und dem Brunnen von 1730/40

nien errichtet wurden, bestimmen neben der Stadtkirche und dem Rathausneubau das Bild der Altstadt von Winnenden. Sie wurden fast alle um 1700 erbaut und sind in der *Markt-, Mühltor-, Schloß-* und *Kirchstraße* zusammenhängend erhalten. Oftmals haben sie noch die Keller der Vorgängerbauten. Durchbrochen wird die einheitliche Bebauung der *Marktstraße* von z. T. unschönen Nachkriegsbauten und den barocken Steinfassaden der *Häuser Nr. 24* und *42*. Sie wurden von dem einheimischen Baumeister Johann Adam Groß I entworfen. Vom Haus Nr. 24, dem sog. »Storchenhaus«, das 1730 gebaut wurde, steht heute nur noch der in den Neubau der Bank einbezogene vordere Teil mit einer Tiefe von 7 m. In dem bei der Fassadengestaltung hervorgehobenen ersten Obergeschoß, der sog. Beletage, befindet sich noch eine herrliche Stuckdecke. 1748 erbaute Groß das Haus Marktstr. 42, das er selbst bewohnte.

145 Winnenden. Die hochgotische ev. Schloßkirche aus der ersten Hälfte des 14. Jh.

Von der neueren Bebauung ist die *ev. Methodistische Kirche* (Wallstr. 8) erwähnenswert, die 1890/1900 in neugotischem Stil erbaut wurde.
Außerhalb der Stadtmauer, am Zipfelbach, liegt die *ev. Schloßkirche St. Jakobus d. Ä.*, die erstmals 1275 als Pfarrkirche erwähnt ist. Ausgrabungen des Landesdenkmalamts belegen als ersten Kirchenbau (vermutlich im 9. Jh.) einen einschiffigen Saalbau mit Umfassungsmauer. Der heutige Bau, eine hochgotische Basilika, die im Kern noch romanische Teile enthält, ist in die erste Hälfte des 14. Jh. zu datieren. 1719 erhielt die Kirche einen neuen Turm. Bei einer durchgreifenden Innenerneuerung 1738 wurde die Bretterdecke durch die heutige Stuckdecke ersetzt. Christian Friedrich Leins gab der Kirche 1864 und 1871/72 ihre jetzige Gestalt. In neugotischem Stil schuf er die Emporenbrüstungen, das Gestühl, die Kanzel und den Taufstein. Auch die Chorfenster wurden nach Entwürfen von Leins erneuert. Glanzstück der wertvollen Ausstattung ist das Hochaltarretabel von 1520, dessen Thema vom Pilgerschutzamt des Deutschen Ordens bestimmt ist. Unter den Baldachinen des Gesprenges steht die Freigruppe der Anbetung der Könige, links davon der hl. Joseph, rechts der hl. Christophorus. Die Reliefs der Altarflügel zeigen Szenen aus der Legende des hl. Jakobus d. Ä. und der Jakobspilgerlegende, ein Hinweis darauf, daß Winnenden eine Station des Jakobsweges nach Santiago de Compostela war. An der Chorinnenwand sind Epitaphien angebracht, von denen das große Renaissance-Epitaph des Komturs Johann von Gleichen († 1608) beeindruckt.
Östlich der Schloßkirche liegt das *ehem. Schloß* der Deutschordenskommende Winnenden, das spätere württembergische Schloß Winnenden, das heute psychiatrisches Landeskrankenhaus ist. Der Deutsche Orden, ursprünglich in der Stadt angesiedelt, verlegte vermutlich um 1300 seinen Sitz in die Nähe der Pfarrkirche. Eine Karte von Gadner aus dem Jahr 1593 zeigt das Schloß mit dem heutigen Komturbau mit östlichem Flügelbau, Wirtschaftsgebäuden und einer umgebenden Ringmauer. Heute ist außer dem ehem. Komturbau noch das frontale, langgestreckte frühere Corps de Logis von 1684–1688 erhalten. Nach dem Verkauf des Schlosses an Württemberg (1665) wurde es Apanagenschloß und war 1796 Wittumsitz von Sophie Albertine, der Witwe Herzog Ludwig Eugens. Nach Umbauten 1830–1833 wurde das Schloß Heilanstalt. Heute ist im Innern des Gebäudes nur noch weniges original erhalten. Der 1984 renovierte Festsaal wird von Gemeinde und Krankenhaus genutzt. Im Schloßhof ist der hochbarocke *Monumentalbrunnen* mit einem Brunnenstock von 1678 und einem Achtecktrog von 1750 erhalten.
An der Rückseite des Torhauses erinnert das *Mops-Denkmal* mit seiner witzig-ironischen Inschrift von 1733 an den Hund des Herzogs

146 Winnenden. Ev. Schloßkirche. Hochaltarretabel von 1520

147 *Winnenden. Detail des Hochaltarretabels: Apostel Paulus*

148 Winnenden. Das ehem. Schloß. Hofansicht. Das 1684–1688 erbaute Corps de Logis und der hochbarocke Monumentalbrunnen von 1678

Karl Alexander, der vor Belgrad verschwand und schließlich in Winnenden wiederauftauchte.

Winnenden-Birkmannsweiler

In dem einst langgezogenen Straßendorf ist heute kaum noch historische Bausubstanz erhalten. Die *ev. Pfarrkirche St. Ulrich,* eine zuletzt 1870 durch den Bau des Chorturms veränderte Kirche, verdient jedoch Beachtung. 1697 und 1851 wurde das Schiff verändert. Die vier spätgotischen Prophetenreliefs an der Kanzel von 1851 stammen von einem Vorgängerbau.

An der Hauptstraße (Nr. 41) liegen das 1826 erbaute *Pfarrhaus* und das *Rathaus* von 1910 (Nr. 28).

Der Weg von Birkmannsweiler ins Buchenbachtal führt am *ehem. Buchenbachhof* vorbei, dessen erste nachweisbare Besitzer 1442 die Herren von Yberg waren. Heute steht nur noch das 1739 neu errichtete Hauptgebäude. Im ersten Stock der rückwärtigen Längsseite ist eine Wappentafel mit Wappentartschen der Herren von Breuning und Dettingen erhalten, die im 16. Jh. die Besitzer des Buchenbachhofes waren.

Winnenden-Bürg

Oberhalb von Baach, an einer Sandsteinkuppe gelegen, ist noch heute der *Burgturm* von Bürg weit ins Tal hinein sichtbar. Er war Flankenturm einer Burganlage des 11. Jh., die 1538 zerstört und abgetragen wurde (→ Schorndorf). Den Platz der Burganlage nimmt heute das Dorf Bürg ein, das noch einige Bauernhäuser des 18./19. Jh. besitzt.

Winnenden-Hanweiler

In dem Weinort Hanweiler, der im Hanweiler Sattel zwischen Korb und Winnenden liegt, ist noch eine aus dem 16. Jh. stammende *Kelter* erhalten. Die einfachen Bauern- und Weingärtnerhäuser stammen meist aus dem 19. und 20. Jh.

Winnenden-Hertmannsweiler

Das ehem. Bauern- und Weingärtnerdorf, das ursprünglich weitläufig besiedelt war, ist heute durch Neubauten zusammengewachsen. Die *ev. Pfarrkirche St. Bartholomäus* stammt von 1733. Den spätgotischen Chorturm hat man beim Neubau mit einbezogen. 1937 wurde das Kircheninnere vollständig erneuert.

Winnenden-Höfen

Durch den Verkauf der Deutschordenskomturei Winnenden an Württemberg (1665) kam auch der aus zwei Siedlungskernen (Höfen) bestehende Ort Höfen an Württemberg. Heute ist die damals aus Unter- und Oberhöfen bestehende Gemeinde zusammengewachsen, und die Siedlungskerne sind nur noch schwer auszumachen. Die z. T. noch erhaltenen Bauernhöfe des 17./18. Jh. haben meist ein gemauertes Erdgeschoß mit verputztem Fachwerkobergeschoß sowie einige unterkellerte Fachwerkscheuern.
Von dem *ehem. Schlößle,* das einst ein mit einer Schloßmauer umgebener Hof mit Wirtschaftsgebäuden war, sind nur noch der Schloßkeller, datiert 1558, und das zweigeschossige Giebelhaus (erste Hälfte des 17. Jh.), Eckehardtstr. 26, erhalten. Das Portal bezeugt die einst stattliche Hofanlage. In der Eckehardtstr. 23 steht der *Glockenturm*

der Gemeinde, der 1778 unter Verwendung eines älteren Turmes (vermutlich zur Schloßanlage gehörend) erbaut wurde. 1912 erhielt der Ort eine in den Formen des Jugendstils gestaltete *Kirche.* Bei einer Modernisierung 1973 wurde der Innenraum stark verändert.

WINTERBACH

Die Ortsgeschichte von Winterbach reicht bis in die Stauferzeit zurück. 1046 wird der Ort erstmals urkundlich erwähnt, als Kaiser Heinrich III. sich dort aufhielt. Dies läßt darauf schließen, daß es hier an einer Remsfurt eine Pfalz gegeben haben muß. Mitte des 13. Jh. kam Winterbach zu Württemberg, und der Ort verlor seine Bedeutung an Schorndorf.

Das Ortsbild wird von der *ev. Pfarrkirche St. Michael* beherrscht. Am südwestlichsten Eckquader des Schiffs ist die Jahreszahl 1309 eingemeißelt, das Baudatum der Chorturmkirche. In der Literatur wird die Kirche mit Bezug auf eine heidnische Kultstätte auf dem Engelberg und Schwefelquellen unweit der Kirche als Urpfarrei bezeichnet. Ende des 15. Jh. wurde sie umgebaut und der Dachstuhl des Schiffs erneuert. Die Jahreszahl 1555 weist vermutlich auf eine Teilerneuerung der Mauer des Wehrkirchhofs hin, die sich mit der ehem. Friedhofsmauer des 13. Jh. verbindet. Der spitzbogige Durchbruch aus dieser Zeit ist an der Ostseite erhalten. 1645/46 wurde nach einem Brand der Kirchturm mit der Fachwerkglockenstube wieder aufgebaut. 1958 fand eine umfassende Innenerneuerung statt, bei der weitere Wandbilder von 1309 (die ersten kamen 1921 im Chor zutage) freigelegt wurden. Der Chor war ursprünglich vollständig ausgemalt. Im Chorbogen sind christologische Tiere dargestellt, außerdem ein Teufel, der mit Klauen, Händen und Maul eine Kuhhaut mit einer an die Frauen gerichteten schriftlichen Warnung vor dem Schwatzen in der Kirche hält. Die Nordwand des Schiffs zeigt einen Passionszyklus, vermutlich aus dem späten 15. Jh.

Bei der 1975/76 durchgeführten Ortskernsanierung wurden die unterhalb des Kirchbergs gelegenen Gebäude *Altes Rathaus* (um 1600), *ehem. Helferhaus oder Diakonat* (1594) und *ehem. Pfarrhaus* (1591) zu einem Rathauskomplex zusammengefaßt. An dem davor neu gestalteten Marktplatz liegt der *Fleckenbrunnen* von 1781 (heute eine Kopie, Originalteile im Heimatmuseum).

Winterbach hat noch eine beachtliche Zahl gut erhaltener Fachwerkhäuser des 17. und 18. Jh., die meist als Ackerbürgerhaus oder vereinzelt als Weingärtnerhaus gebaut sind, z. B. die Gebäude *Bahnhofstr. 6, Brunnenstr. 3, 5* und *Herdfeld 13.* In der Hauptstr. 27 liegt der

149 Winterbach. Die ev. Pfarrkirche von 1309

ehem. Gasthof zum Ochsen. Das wohl 1617 gebaute, jedoch 1719 veränderte Gebäude hat ein reichverziertes Fachwerk mit Fenstererkern im Giebel. Am nördlichen Ortsende liegt die 1983 zum Bürgerhaus umgebaute *Kelter* des 18. Jh.

150 Winterbach. Das Alte Rathaus (um 1600), das ehem. Helferhaus (1594) und das ehem. Pfarrhaus (1591) wurden 1975/76 zum Rathauskomplex zusammengefaßt

Winterbach-Engelberg

Oberhalb von Winterbach, am Schurwaldhang, liegt das *ehem. Jagdschloß* auf dem Engelberg. Der Vorgängerbau, ein ehem. Kloster der Augustinereremiten, wurde im 16. Jh. niedergebrannt oder abgebrochen. Das Jagdschloß und spätere württembergische Forstamt war zunächst von Wirtschaftsgebäuden umgeben, die heute aber größtenteils abgebrochen sind. Nach in die Substanz eingreifenden Umbauten ist heute in dem ehem. Jagdschloß die Freie Waldorfschule untergebracht.

Yburg → Kernen-Stetten
Zell → Oppenweiler

MUSEEN IM REMS-MURR-KREIS

Alfdorf

Heimatmuseum. Obere Schloßstr. 43
Geöffnet: Mi.–Sa. 13–18 Uhr, So. 11–18 Uhr, Mo., Di. geschlossen
Voranmeldung: Dora Seeger. Tel. 07172-35 66

Das Museum ist in das Privathaus von Frau Dora Seeger integriert, in dem auch die Wohnräume der Ausstellung dienen. Es zeigt Handwerks- und Hausgeräte aus dem Altdorfer Raum und vermittelt Einblicke in die Ortsgeschichte und das bäuerliche Leben im Welzheimer Wald.

Althütte

Heimatmuseum. Rathausplatz 3
Geöffnet: Nach Vereinbarung
Voranmeldung: Gemeinde Althütte. Tel. 07183-4 10 44

Das 1988 im ehem. Schulhaus von 1873 eröffnete Museum veranschaulicht die Handwerksgeschichte der »Rechenspitzer«, wie die Althüttener aufgrund der Herstellung von Holzrechen genannt wurden. Außer den fertigen Rechen ist auch das vielfältige Werkzeug zu sehen.

Backnang

Museum Helferhaus. Stiftshof 8
Geöffnet: So. und Feiertage 10.30–12.30 und 15–18 Uhr
Voranmeldung: Heimat- und Kunstverein. Tel. 07191-6 17 47

Schwerpunkte der Sammlung im 1698 erbauten ehem. Wohnhaus des zweiten Pfarrers (»Helfers«) sind Erinnerungsstücke an das Backnanger Gerberhandwerk wie Werkzeuge und alte Fotos und die Funde aus dem römischen Gutshof am Maubach. Weitere Ausstellungsbereiche umfassen sakrale Kunst und liturgisches Gerät, Möbel und Hausrat, Faustfeuerwaffen und Uhren.

151 Alfdorf. Heimatmuseum. Tonplatten zur Einfassung von Gräbern aus dem 19. Jh.

Ungarndeutsches Heimatmuseum. Talstr. 1
Geöffnet: So. 14–16 Uhr
Voranmeldung: Stadt Backnang. Tel. 07191-89 42 41

Die Stadt Backnang hat 1971 die Patenschaft für alle in der Bundesrepublik lebenden Ungarndeutschen übernommen und 1977 in der historischen Bürgermühle ein Museum eingerichtet, das einen anschaulichen Überblick über die Geschichte dieser Volksgruppe vermittelt. Arbeits- und Hausgeräte sowie originalgetreu nachgebaute und eingerichtete Stuben eines Bauernhauses dokumentieren Arbeit und Alltag in der Heimat der Ungarndeutschen ebenso wie Trachten, Puppen, Liederschriften, bemaltes Geschirr und Dokumente.

152 Backnang. Museum im Helferhaus. Erinnerungsstücke an das Backnanger Gerberhandwerk

Berglen-Oppelsbohm
Heimatmuseum. Beethovenstr. 9
Geöffnet: voraussichtlich ab 1990
Voranmeldung: Gemeinde Berglen. Tel. 07195-7868

Thema des neu eingerichteten Museums ist die Geschichte des Obstbaus und der Obstverwertung. Ergänzt wird die Ausstellung durch bäuerliche Arbeits- und Hausgeräte.

Fellbach
Stadtmuseum. Hintere Str. 26
Geöffnet: Mi., Sa. 14–18 Uhr, So. 10–12 Uhr
Voranmeldung: Stadt Fellbach. Tel. 0711-5851-391

153 *Fellbach. Das Stadtmuseum in einem Fachwerkbau des 17. Jh.*

Die Bestände des Museums spannen einen weiten Bogen von der Erdgeschichte (geologische und paläontologische Sammlung, darunter ein Ichthyosaurus aus Holzmaden) über die Vor- und Frühgeschichte mit wichtigen Funden aus der Alt- und Jungsteinzeit (u. a. ein jungsteinzeitliches Vorratsgefäß), der Keltenzeit (geschnitzte Tierfiguren aus der Schmidener »Viereckschanze«), der Römerzeit (z. B. eine Kopie des Fellbacher Mithras-Steins), der Alamannen- und Merowingerzeit.
Bilder und Dokumente zur Stadtgeschichte, zu Persönlichkeiten Alt-Fellbachs (z. B. der Familie Auberlen und Georg Conrad Maickler), Weinbau- und Keltergeräte, Fellbacher Möbel, Trachten und Hafnergeschirr vermitteln ein detailliertes Bild von der Vergangenheit der Stadt.

Ostdeutsche Heimatstube. Friedensstr. 11
Geöffnet: So. 15–17 Uhr
Voranmeldung: Förderkreis Heimatstube. Tel. 0711-51 26 24

In mehreren Räumen werden Erinnerungsstücke aus dem deutschen Osten gezeigt. Schautafeln informieren über die Geschichte und Baukunst der deutschen Ostgebiete.

Kernen-Stetten
Museum unter der Yburg. Hindenburgstr. 24
Geöffnet: Sa. 15–18 Uhr, So. 14–17 Uhr
Voranmeldung: Gemeinde Kernen. Tel. 07151-40 14-39

Das in einem Fachwerkhaus von 1620 untergebrachte Museum zeigt vor allem Zeugnisse der handwerklichen Vergangenheit Stettens, Produkte und Arbeitsgerät von Schustern und Schreinern. Das Hauptgeschoß ist dem in Stetten geborenen Afrikaforscher Karl Mauch (1837–1875) und dem Lehrer und Maler Mochel gewidmet. Im Erdgeschoß finden regelmäßig Sonderausstellungen statt.
Bei einer unlängst abgeschlossenen Renovierung des Museums wurde ein Geheimkeller entdeckt, der den Kanzleibeamten der Stettener Ortsherren Thumb von Neuberg in Kriegszeiten als Versteck vor Soldaten und Plünderern diente und durch ein Loch in der Wand des Nachbarkellers besichtigt werden kann.

Korb-Kleinheppach
Steinzeitmuseum. Rathaus
Geöffnet: So. 14–16.30 Uhr
Voranmeldung: Eugen Reinhard. Tel. 07151-6 28 17

154 Kernen-Stetten. Museum unter der Yburg. Das Mochel-Zimmer

Die Bestände des Museums, zusammengetragen und in Privatbesitz von Eugen Reinhard, umfassen eine Sammlung von Mineralien und Versteinerungen sowie Funde aus der Vor- und Frühgeschichte des unteren Remstals von der Steinzeit bis zum Mittelalter. Auch die Ortsgeschichte ist mit Erinnerungsstücken vertreten (z. B. der ehem. Gemeindepolizei und der Feuerwehr). Die volkskundliche Sammlung zeigt u. a. Möbel, Trachtenhauben, Schmuck, Spielzeug, landwirtschaftliches Gerät und Handwerkszeug.

Leutenbach-Weiler zum Stein

Heimatmuseum. Friedhofstr.
Geöffnet: 1. So. im Monat 14–17.30 Uhr
Voranmeldung: Historischer Verein Leutenbach. Tel. 07195-6 11 80

Das im ehem. Schafhaus und Farrenstall untergebrachte Museum zeigt eine ortsgeschichtlich und volkskundlich interessante Sammlung. Außer bäuerlichem und bürgerlichem Hausrat präsentiert sie alte Schulmöbel und Kinderspielzeug. Wegen ihrer Seltenheit ein Glanzstück der Ausstellung ist eine vollständig erhaltene Wanderschmiede.

Murrhardt

Carl-Schweizer-Museum. Seegasse 27
Geöffnet: Karfreitag–31. 10. Mo.–Fr. 11–12 und 16–18 Uhr, Sa. 11–12 und 15–18 Uhr, So. 10–12 und 14–17 Uhr
Voranmeldung: Dr. Rolf Schweizer. Tel. 07192-54 02

Schwerpunkt der Sammlung ist das Tiermuseum, das in Schaugruppen Präparate nahezu aller Vögel und Säugetiere Mitteleuropas zeigt. Die Heimatgeschichte ist mit vorgeschichtlichen, römischen und mittelalterlichen Funden vertreten (darunter das Romulus-Remus-Relief mit der Wölfin, Originalteile aus der Klosterkirche und der Walterichskapelle, z. B. deren spätromanisches Portal).

Städtische Kunstsammlung. Oetingerstr. 3
Geöffnet: Di. 10–18 Uhr, Mi. 9–14 Uhr, Do. 14–19 Uhr, Fr. 14–17 Uhr, jeden 1. Sa. im Monat 10–13 Uhr und nach Vereinbarung
Voranmeldung: Stadt Murrhardt. Tel. 07192-33 56

In der ehem. Stadtbücherei ist die Sammlung der Städtischen Galerie den beiden Murrhardter Malern Reinhold Nägele und Heinrich von Zügel gewidmet. Über 240 Arbeiten vermitteln einen Einblick in das Schaffen dieser beiden bedeutenden Künstler. In unregelmäßigen Abständen finden Sonderausstellungen statt.

155 Leutenbach-Weiler zum Stein. Heimatmuseum. Eine vollständig erhaltene Wanderschmiede

156 Murrhardt. Carl-Schweizer-Museum. Heimatgeschichtliche Abteilung mit mittelalterlichen Funden und Originalteilen der Walterichskapelle

157 Remshalden-Buoch. Das Museum im Hirsch, ein Fachwerkbau von 1784

Remshalden-Buoch
Museum im Hirsch. Eduard-Hiller-Str. 6
Geöffnet: Sa. 14–16 Uhr, So. und Feiertage 10–12 und 14–16 Uhr
Voranmeldung: Heimatverein Buoch e. V. Tel. 07151-7 32 02

In dem bis zum Zweiten Weltkrieg von Literaten geschätzten Gasthof zum Hirsch ist heute ein Heimatmuseum untergebracht, das nicht nur die Dichter und Maler Buochs aus dem 19. und 20. Jh. präsentiert, sondern auch Funde aus den Grabungen in Buoch zeigt. In dieser Sammlung besticht vor allem die Keramik des 12. bis 14. Jh., sog. »rotbemalte Feinware«, die aus einer mittelalterlichen Töpfereiabfallhalde in der Nähe der Kirche stammt.

158 Remshalden-Buoch. Museum im Hirsch. Mittelalterliche Keramik aus einer Töpfereiabfallhalde unweit der ev. Pfarrkirche.

Rudersberg-Schlechtbach

Heimatmuseum. Raum 1: Bühne der Schule. Pappelweg 4; Raum 2: Nebengebäude zu Bahnhofstr. 4
Geöffnet: Nach Vereinbarung
Voranmeldung: Gemeinde Rudersberg. Tel. 07183-6112

Eine Zusammenfassung der Sammlung ist geplant. Sie enthält Zeugnisse der Ortsgeschichte, bäuerlichen Hausrat und Möbel, außerdem Erinnerungsstücke an ausgestorbene Berufe.

Schorndorf

Heimatmuseum. Kirchplatz 9
Geöffnet: Do. 14–16 Uhr, Sa. 9–13 Uhr, So. 10.30–12.30 Uhr. Im Winter geschlossen
Voranmeldung: Geschichts- und Altertumsverein. Tel. 07181-61681 oder 66481

Das Museum in der ehem. Lateinschule von 1649/50 ist eines der größten im Rems-Murr-Kreis. Die Vor- und Frühgeschichte ist mit Werkzeugen der Mittel- und Jungsteinzeit und römischen Funden (z. B. Götterbildsteinen) vertreten. Die Stadtgeschichte veranschaulichen Ansichten, Pläne, Markungsbücher und Modelle. Verschiedene Räume sind den Zünften und dem Handwerk gewidmet (z. B. den Zinngießern des 17./18. Jh.). Möbel, Hausrat und Arbeitsgerät vermitteln Einblicke in den Alltag der Remstäler Bauern. Ein Daimler-Gedenkzimmer erinnert an den bedeutendsten Sohn der Stadt, Gottlieb Daimler.

Waiblingen

Csavolyer Heimatstuben. Beinsteiner Torturm
Geöffnet: So. 13–16 Uhr
Voranmeldung: Heimatausschuß der Csavolyer. Tel. 07151-54919

Das 1976 eröffnete Museum (die Stadt Waiblingen übernahm 1973 die Patenschaft für die aus dem südungarischen Csavoly vertriebenen Deutschen) zeigt Erinnerungsstücke aus der Heimat der Ungarndeutschen wie Trachten, Gebrauchsgegenstände des täglichen Lebens, Urkunden und Dokumente.

Städtisches Heimatmuseum. Kurze Str. 25
Geöffnet: So. 10.30–12.30 Uhr
Voranmeldung: Stadt Waiblingen. Tel. 07151-5001-1

159 Schorndorf. Heimatmuseum. Das Daimler-Gedenkzimmer

160 Waiblingen. Städtisches Heimatmuseum. Die Grabkrone der Kaiserin Gisela (Kopie)

Das im ehem. Dekanatsgebäude von 1745/46 untergebrachte Museum wird voraussichtlich 1990 in das 1548/49 errichtete Fachwerkhaus Weingärtner Vorstadt 20 umziehen. Die Exponate der Sammlung beginnen mit der Vor- und Frühgeschichte (darunter Funde aus dem römischen Gutshof im Hochgericht, der römischen Töpferei im Bildstöckle und aus Alamannengräbern des 7. Jh.). Die Geschichte Waiblingens veranschaulichen Ansichten und Modelle. Zunftaltertümer

(z. B. die Zunfttruhe der Bäcker und Müller), Produkte der Waiblinger Ziegeleien (darunter eine Sammlung von Feierabendziegeln), Arbeitsgerät, Möbel, Trachten, ein Biedermeierzimmer und eine kleine Schulorgel von Christof Bartmann (1681) vermitteln eine Vorstellung vom Leben der Waiblinger in vergangenen Jahrhunderten.
Glanzstück der Sammlung ist eine Kopie der Grabkrone der Kaiserin Gisela.

Weinstadt-Beutelsbach
Bauernkriegs- und Heimatmuseum. Altes Rathaus, Stiftsstr. 11
Geöffnet: April–November, So. 10–12 Uhr, 14–17 Uhr
Voranmeldung: Stadt Weinstadt. Tel. 07151-6 93-2 89

Im Erdgeschoß des ehem. Rathauses von 1534 ist eine Ausstellung dem Bauernaufstand des »Armen Konrad« gewidmet, der 1514 in Beutelsbach seinen Anfang nahm. Vor- und Frühgeschichte sind mit Funden aus der Steinzeit, der Römerzeit und der Merowingerzeit vertreten. Acker- und Weinbaugeräte, Hausrat und Einrichtungsgegenstände vermitteln Einblicke in die bäuerliche Kultur des 18./19. Jh.

Weinstadt-Endersbach
Heimatstube. Schulstr. 12
Geöffnet: 1. So. im Monat 10–12 Uhr
Voranmeldung: Stadt Weinstadt. Tel. 07151-6 14 67

Die eindrucksvolle Sammlung des 1978 gestorbenen Briefträgers Paul Hekeler, seit 1974 im Besitz der Gemeinde, umfaßt Acker- und Weinbaugeräte, Geräte für die Flachs- und Hanfbearbeitung, Hausrat (z. B. Hafnergeschirr), bemalte Möbel, außerdem Bilder lokaler Maler zum Thema Weinbau (Jakob Seybold, Carl Bauerle). Aus dem Rahmen fällt die über den deutschen Raum hinausgehende Haubensammlung, eine Stiftung der Freifrau Zündt von Kentzingen.

Weinstadt-Schnait
Silcher-Museum. Silcherstr. 49
Geöffnet: Ostern–15. November täglich 10–12 und 14–17 Uhr
Voranmeldung: Schwäbischer Sängerbund e. V. Tel. 07151-6 52 30

Im Geburtshaus Friedrich Silchers (1789–1860) dokumentiert eine umfangreiche Sammlung Leben und Werk des Liederkomponisten und Musikpädagogen (z. B. von ihm gespielte Klaviere, Möbel, Originalhandschriften, Erstdrucke, Bilder). Thema des »Sängerraums« ist der Laienchorgesang (Sängerfahnen, Porträts, Handschriften). Au-

161 Weinstadt-Schnait. Silcher-Museum. Ein von Silcher gespieltes Klavier, darüber sein Porträt

ßerdem verfügt das Museum über ein viel benutztes »Klingendes Chorliederarchiv« und eine stattliche Bibliothek. Eine weitere Abteilung zeigt Schnaiter Trachten, Mobiliar und Hausrat aus Schnaiter Bauernhäusern.

Weinstadt-Strümpfelbach

Heimatmuseum. Hauptstr. 4
Geöffnet: 1. So. im Monat 14–16 Uhr
Voranmeldung: Stadt Weinstadt. Tel. 07151-6 12 41

Das in einem Weingärtner-Fachwerkhaus des frühen 17. Jh. untergebrachte Museum zeigt Möbel und Hausrat aus dem späten 19. Jh. Eine Besonderheit sind die gerahmten Haararbeiten und die Hochzeitskränze. Die ausgestellten Arbeitsgeräte für Wein- und Ackerbau vermitteln eine Vorstellung von der Schwere der körperlichen Arbeit in früherer Zeit. In einem gesonderten Raum ist die Geschichte des bis 1973 selbständigen Ortes dokumentiert.

Weissach i. T.-Unterweissach

Heimatmuseum. Brüdener Str. 7
Geöffnet: 1. und 3. So. im Monat 14–17 Uhr. 1.11.–31.3. geschlossen
Voranmeldung: Heimatverein Weissacher Tal. Tel. 07191-5 29 41

Die Räume des 250 Jahre alten Bauernhauses wurden unverändert beibehalten und mit historischen Möbeln und Gegenständen des täglichen Gebrauchs eingerichtet. In der Scheune sind landwirtschaftliche Geräte der ansässigen Kleinbauern ausgestellt.

Welzheim

Freilichtmuseum Ostkastell. Am Ostrand der Stadt
Geöffnet: Ständig zugänglich
Voranmeldung: Hist. Verein Welzheimer Wald e. V. Tel. 07182-82 35

Das Welzheimer Ostkastell war bereits im 18. Jh. bekannt. Die erste Grabung fand 1894 statt. Ab 1976 führte das Landesdenkmalamt regelmäßig Grabungen durch, nach deren Abschluß Teile der Befestigung durch Konservierung bzw. Rekonstruktion gesichert wurden. Dieses einzige nicht überbaute Limeskastell Württembergs ist für jedermann zugänglich. Vollständig rekonstruiert wurde das Westtor; sichtbar sind die rekonstruierten Mauerreste des Südwestturms, der Südwestfront und des Südtors. Ein mit Rasen gedeckter Erdwall markiert den Verlauf der gesamten Kastellmauer, in der das Nord- und das Osttor durch Unterbrechungen angedeutet sind.

Städtisches Museum. Pfarrstr. 8
Geöffnet: So. 14–17 Uhr
Voranmeldung: Hist. Verein Welzheimer Wald e. V. Tel. 07182-82 35

162 Weissach-Unterweissach. Heimatmuseum. Bäuerliche Schlafstube

Im Museum im ehem. Dekanatsgebäude sind außer einer geologischen Sammlung und steinzeitlichen Funden Zeugnisse der römischen Vergangenheit Welzheims ausgestellt, darunter Originalfunde aus dem Lagerdorf wie Keramik, Urnen und Glasgefäße, außerdem Lederschuhe und restaurierte Holzteile aus dem Ostkastell.

163 Welzheim. Freilichtmuseum Ostkastell. Das rekonstruierte Westtor von außen

Die umfangreiche volkskundliche Ausstellung mit bäuerlicher Wohnstube, Schlafkammer und Küche wird ergänzt durch eine Sammlung bäuerlicher Arbeitsgeräte, Ofensteine und gußeiserne Ofenplatten.

164 Welzheim. Städtisches Museum. Figur (Cautes) aus einem Mithräum, römisch, 3. Jh. n. Chr.

165 Winnenden. Heimatmuseum. Die Kerkerzelle

Winnenden

Heimatmuseum. Marktstr. Schwaikheimer Torturm
Geöffnet: So. 10–12 Uhr
Voranmeldung: Stadt Winnenden. Tel. 07195-6 25 04

Die fünf Stockwerke des Schwaikheimer Torturms, in dem auch die Gefängniszelle zu besichtigen ist, beherbergen eine stadt- und heimatgeschichtliche Sammlung (u. a. Stadtansichten, Wappen und Siegel, eine Stadtkasse aus der Zeit um 1700, Lanzen der Bürgerwehr von 1848). Im Untergeschoß ist ein seltenes Uhrwerk von 1771 ausgestellt.

166 Winnenden. Feuerwehrmuseum. Ein pferdegezogener Spritzenwagen

Feuerwehrmuseum. Bahnhofstr. 43
Geöffnet: So. 10–12 Uhr
Voranmeldung: Freiwillige Feuerwehr Winnenden. Tel. 07195-80 64

Das in der Region einzigartige Museum bietet mit seiner umfassenden Sammlung vor allem einen Überblick über die technische Entwicklung der Feuerlöschgeräte in den letzten 170 Jahren. Zu den Exponaten zählen Ledereimer, Buttenspritzen, Krückenspritzen, Handdruckspritzen und eine pferdegezogene Magirus-Leiter von 1929. Urkunden, Uniformen, Fahnen, Dienstvorschriften, Orden und Ehrenzeichen dokumentieren die Traditionen der Freiwilligen Feuerwehren.

Winnenden-Hanweiler
Bauernmuseum. Hanweiler
Geöffnet: Nach Vereinbarung
Voranmeldung: Stadt Winnenden. Tel. 07195-6 44 02

Das Museum, vor dem eine alte Mostpresse aufgestellt ist, zeigt vor allem Weinbau- und Ackerbaugeräte, aber auch bäuerliches Mobiliar und Hausrat.

Winterbach

Dorf- und Heimatmuseum. Auf dem Herdfeld 5
Geöffnet: Nach Vereinbarung
Voranmeldung: Gemeinde Winterbach. Tel. 07181-7 21 64

Schwerpunkt der in einem 1776 erbauten Bauernhaus untergebrachten Sammlung sind Zeugnisse des bäuerlichen Arbeitslebens (Wagen, Dreschmaschinen, Schlitten und Mostpressen) und des Handwerks (Handwerkszeug von Schustern, Bäckern, Metzgern und Schlossern). Bibeln, Totenbriefe und Konfirmationssprüche dokumentieren die Volksfrömmigkeit. Auf der Bühne hat eine Sammlung von Puppen und altem Kinderspielzeug ihren Platz.

Der Mühlenwanderweg im Naturpark Schwäbisch-Fränkischer Wald

Der Rems-Murr-Kreis hat in Zusammenarbeit mit den Eigentümern zehn Mahl- und Sägmühlen des Welzheimer Waldes vorbildlich restauriert und durch einen ausgeschilderten (Mühlradsymbol) Rundwanderweg mit einer Gesamtlänge von ca. 32 km erschlossen. Dieses einmalige Freilichtmuseum zeigt nicht nur die Landschaftsbezogenheit der Mühlen, sondern vermittelt auch Einblicke in die Mühlentechnik. Die Mühlen (z. B. Hagmühle, Heinlesmühle, Klingenmühle, Menzlesmühle, Meuschenmühle) werden jeweils in den Ortsbeschreibungen behandelt.

Der Limeswanderweg

Der im 2. Jh. n. Chr. angelegte obergermanische Limes durchzieht den östlichen Teil des Rems-Murr-Kreises. Sein Graben ist streckenweise noch gut erkennbar, Kastelle, Wachtürme und Zivilsiedlungen haben sichtbare Spuren und Reste hinterlassen. Für den archäologisch und historisch interessierten Wanderer hat der Rems-Murr-Kreis das Limesgebiet durch einen insgesamt ca. 45 km langen Wanderweg von Grab bis Pfahlbronn erschlossen. Von den ehemals 70 römischen Anlagen im Kreisgebiet wurden etliche rekonstruiert, so der Wachturm 83 auf dem Heidenbuckel bei Großerlach-Grab, der Wachturm 96 auf dem Heidenbühl bei Murrhardt, das → Welzheimer Ostkastell und der Wachturm 116 an der Landstraße 1120 Fornsbach–Ebnisee, einer der Hauptvermessungspunkte am Limes.

Literaturhinweis

Leitfaden und ständiger Begleiter waren für den Autor die beiden vom Landesdenkmalamt Baden-Württemberg herausgegebenen Bände »Die Kunstdenkmale im Rems-Murr-Kreis« von Adolf Schahl (München 1983). Bei der Auswahl der Kulturdenkmale halfen die zum Teil abgeschlossenen Listen der Kulturdenkmale im Rems-Murr-Kreis.

Die zahlreichen – oftmals umfangreichen – Ortschroniken der Gemeinden, die hier im einzelnen nicht aufgeführt werden können, waren für die Bearbeitung ebenso hilfreich wie die Informationsschriften des Kreises.

NAMENREGISTER

Landeskunde im Konrad Theiss Verlag

Der Rems-Murr-Kreis
Reihe »Heimat und Arbeit«. 688 Seiten mit 342 Abbildungen auf 212 Tafeln, davon 9 in Farbe. Leinen. Die umfassende Kreisbeschreibung gibt in leicht verständlicher Form Auskunft über Landschaft und Natur, Geschichte und Gegenwart, Bevölkerung, Kultur und Wirtschaft, Städte und Gemeinden.

Naturpark Schwäbisch-Fränkischer Wald
Wanderführer aus der Reihe »Natur – Heimat – Wandern«. Hrsg. vom Schwäbischen Albverein e.V. 219 Seiten mit 52 Zeichnungen und Kartenskizzen sowie einer beigelegten Wanderkarte. 49 Rundwanderungen, 12 Streckenwanderungen. Unempfindlicher Kunststoffeinband.

Die Remsbahn
Schienenwege in Ostwürttemberg. Von Kurt Seidel. 168 Seiten mit 100 Fotos, Zeichnungen und Fahrplänen. Fester Einband. Der große Band über die Entwicklung der Eisenbahn in Ostwürttemberg von ihren Anfängen bis zur Gegenwart.

Kunst und Kulturdenkmale im Kreis Ludwigsburg
Von Ulrich Gräf. 327 Seiten mit 210 Abbildungen. Kunstleinen. Der handliche Führer zu den kunsthistorischen Sehenswürdigkeiten und Kulturdenkmalen im Kreis Ludwigsburg.

Der Mensch der Vorzeit
Führer durch das Urmensch-Museum Steinheim an der Murr. Von Karl Dietrich Adam. 172 Seiten mit 160 Abbildungen, davon 10 in Farbe. Kartoniert. Der Band ist nicht nur Museumsführer, sondern zugleich eine wissenschaftlich zuverlässige und anregende Einführung in das Wissen über den Menschen der Vorzeit.

Unser Land Baden-Württemberg
Hrsg. von Ernst Waldemar Bauer, Rainer Jooß und Hans Schleuning. 336 Seiten mit 604 meist farbigen Abbildungen. Fester Einband. Die handliche Gesamtinformation über Baden-Württemberg mit dem Wissenswertesten aus Geschichte, Natur, Geographie, Wirtschaft, Technik, Politik und Zeitgeschichte.